日本とスペイン思想

オルテガとの歩み

木下智統
Kinoshita Tomonori

行路社

※本書の引用に際しては、旧仮名遣い、旧字体はそれぞれ、原則、新仮名遣い、新字体に改めた。

はじめに

本書は、現代スペインを代表する哲学者、オルテガ・イ・ガセットのわが国における受容を、一九三〇年からおよそ九十年間に著された邦語文献を対象として分析、検討することによって、日本とスペイン思想の歩みの一端を明らかにすることを目的として著された。

考察の対象となった研究書、研究論文、翻訳書、新聞や雑誌等に発表された文献は三百点を超え、その数の多さは、ウナムーノを含め、他の現代スペインの思想家、哲学者についての研究と比べても顕著である。オルテガがこれほどまでに親しまれ、読まれてきたことは一体、何によるのだろうか。オルテガの何が日本人に訴えかけたのであろうか。また、日本におけるオルテガ研究において、何が十分に検討され、何が未検討に終わっているのだろうか。こういった点を突き詰めていくことで、わが国におけるオルテガ思想の導入、展開、そして広がりの特質が明らかになってくる。

「はじめに」に続く八つの章では、こうした問いに答えるべく、通時的分析に加えて、多領域にまで広がったオルテガの思想のうち、特に社会学、経済学、芸術、そして大学論に焦点を当てて、日本人読者の関心を目覚めさせ、ひいては彼らの思想の骨子を育むに至ったオルテガ思想について検討を進めている。

本書は、オルテガが残した著作の全体が膨大かつ多岐にわたるものであることから、今後の、オルテガ研究の新たな可能性を示唆するものでもある。

目次

第六章　経済学とオルテガ　105

第七章　芸術論とオルテガ　125

第一章　オルテガとの出会い

ホセ・オルテガ・イ・ガセット（José Ortega y Gasset, 1883-1955）は、日本でもその名を知られた二十世紀のスペインを代表する哲学者、思想家である。一九三六年にオルテガが本格的に日本で紹介されて以降、今日に至るまで数多くの研究書、研究論文等が発表されてきた（実は最初の紹介・翻訳は一九三三年であり、この点は第三章で後述する）。その内容も多岐にわたっており、オルテガの思想の広がりを裏付けるものとなっている。そのオルテガが初期段階において、日本でどのように受け入れられたのか、その過程と、なぜ研究者たちはオルテガの思想に魅力を感じたのか、その要因について追っていくことが本章の目的である。このため、時系列的に各々の研究者について取り上げ、丹念な検討を行った。なお、初期段階の受容を研究目的とするため、オルテガに関する日本で最初の重要な論文が発表された一九三六年からオルテガがその生涯を終える一九五五年までを考察対象期間としている。

1 思想の導入

日本で最初にオルテガに関する本格的な論文を発表したのは、ドイツ哲学の分野で多くの業績を残した桑木厳翼である。ここでは、日本のオルテガ受容の出発点である桑木の論文についてみていくこととする。彼は一九三六年、「西班牙の思想家ホセ・オルテガ・イ・ガッセット」と題する論文で、次のようにオルテガを紹介している。

しかもこの生の逸楽を最も豊富に享受し得ることは南国人の特権である。これには生は不安でもなく配慮でもなく、直ちに幸福であり至善である。南欧情熱の国たるスペインにこの生を第一義とする哲学を説くもののでることはまた怪しむに足らぬ。近頃、ヨーロッパ特にドイツにおいて名が広まっているホセ・オルテガ・イ・ガッセットはすなわちその一代表者である。(1)

生の重要性を説いたスペインの哲学者の名がヨーロッパ、特にドイツで広まっている点は、当時の日本を代表するドイツ哲学研究者の一人であった桑木の興味を引いたのであろう。当時の日本はドイツにおける哲学研究の時流に敏感であった。桑木は「知の哲学に対して生の哲学を説くことは近時の一流行である(2)」と論文の冒頭で述べ、その生の哲学の提唱者としてオルテガをとらえていた。

桑木はオルテガに関する論文を発表する以前に、スペインの著名な思想家、ミゲル・デ・ウナムーノを論文で日本に紹介したが、その段階ではまだオルテガの名を知らなかった。しかし、その後、ドイツの新聞でオルテガ著作の批評記事を読むことで、オルテガに対する興味が生まれ、ドイツ語に翻訳されたオルテガの書物を手に入れた。そして、その書物の紹介文で当時のドイツで最も盛んに研究されている哲学者の一人として、オルテガを知ったのであった。

桑木は以上のようにオルテガにふれる契機について説明した後、ウナムーノとオルテガの比較、そしてオルテガの主要な著作のひとつである、『現代の課題』をもとにして、彼の思想解説を行っている。しかし、結論から見るにオルテガに対する評価は好ましいものではなかったように見受けられる。

　オルテガの議論には学究的には異議を挟むべきものは少なくない。特に相対主義理性主義の対立の如きなお不完全たるを免れない。(中略)しかしながら私のこの論考の目的は純粋な分析的理論ではなくして、一種の時代思潮評論と目すべきものである。したがってこれに対する学究的批評を試みることは不適当であろう。しばらくこの点をおいて問わず、私はただスペインの思潮らしいものの一例を得たことを知って満足したいと思うのである。(3)

以上から、桑木がオルテガの思想について、あまり高い評価を与えていないことが推測できるのではないだろうか。桑木がオルテガの『現代の課題』に対して学問的批評を試みることは妥当ではない、と考えたことはそれぞれの学問的立場の主張として理解すべきことかもしれない。なぜなら、桑木はこうした結論を導くまでに論文の大部分を割いて『現代の課題』について、丹念な検討を行ったからである。だが、上記のふたつの引用から察するに、そもそも桑木が持っていたスペインに対する抽象的なイメージがオルテガに対する正当な評価を試みる機会を失わせたと思えなくもない。情熱の国という漠然としたイメージと生の哲学を結びつけ、オルテガの思想がスペインという独特な風土から生まれたかのようにとらえている点は、ドイツでもその思想が受け入れられていることを本質的には認めていないようである。また、論文の結びに「スペインの思潮らしいものの一例」と述べる一方で、どうスペインらしいのかも明確には述べていない。

オルテガの名がヨーロッパ、特にドイツで広まったとはいえ、桑木にとってオルテガはヨーロッパという大きな枠でとらえる哲学者ではなく、あくまでもスペインの枠を出ない一人の哲学者としての評価を与えたように思われる。つまり、オルテガの生の哲学という立場は一時的な流行によってヨーロッパで受け入れられている、という思いがうかがえる。なお、桑木がオルテガに関して書き著した論文は、この一本のみである。

2 思想の受容

日本における初期オルテガ研究は主として池島重信によって進められた。彼は、オルテガの著作の翻訳や論文の執筆など、オルテガに関する研究を短期間のうちに次々と発表した、まさに初期オルテガ研究の中心人物と言える。ここでは、池島のオルテガ研究の過程をたどりながら、何がオルテガ研究へと池島を向かわせたのか、その要因を見ていきたい。

桑木の論文の翌年、一九三七年には日本における最初のオルテガ著作の翻訳となる『現代の課題』が池島の訳で刊行された（実は一九三三年に三好達治が、短いエッセイ「額縁」を最初に翻訳している。第三章で後述する）。彼は旧帝大の教員を歴任した桑木ほど著名ではないものの、法政大学を卒業後、すぐに母校の助手となり、哲学、社会学の分野で多くの業績を残すとともに哲学書の翻訳を通じて、日本における哲学研究の発展に大きく貢献した。特に、三木清[4]の知的支援を受けた哲学的人間学についての研究は、後のオルテガ研究へと通じる前提となったと考えられる。

それではまず、池島のオルテガに対する評価についてみていこう。彼は『現代の課題』の「序」ではオルテガについて次のように紹介している。

ウナムーノと併称されるわがホセ・オルテガ・イ・ガセットもそうで、この透徹せる知性と繊細なる感性との思想家は既にイギリスの評論界に驚異の眼をもって迎えられ、ドイツの思想家を深く動かし、フランスの文壇にもようやくその真価が徹底するまでになっている。オルテガは歴史を決定したあらゆる芸術作品に対して行き届いた理解を示す一方、晦渋と言われているドイツの精神科学に対しても精密な知識をもっている。また深奥を誇る東洋思想への悟入があるかと思えば、感性の極致を誇るフランス文化に対する味解も容易に他の追随を許さぬものがある。しかもそこにはドイツの専門的偏狭と没趣味とを脱し、フランス風の精神的狭隘と遊戯性とを免れた自由闊達な精神が浸透している。(5)

以上がオルテガに対する評価であるが、ここからわかるように、池島はオルテガを高く評価していたようである。イギリス、ドイツ、フランス、それぞれの国の思想的特徴のすべてを兼ね備えた知的水準の高さをオルテガは有していたことがわかる。また、こうした人物評に加え、「序」ではさらに二点、池島自身の関心がオルテガに向いた理由が述べられている。

まずひとつ目は、オルテガに対する親近感であるという。池島の考えによれば、スペインは日本と同じように、地理的にも精神的にも偏った土地にあり、直接ヨーロッパの文化圏にふれていない。そのためヨーロッパに対して、両国は第三者的視点で観察することができるところに共通点が認められる、という。地理的に偏っている点で日本とスペインが同じであるという点はよく言われる、ピレネーの向こうからがアフリカである、ということが由来しているのであろう。一見すると、ヨーロッパと陸続きになっているスペインだが、フランスとスペインの間にあるピレネー山脈を隔てて、ヨーロッパとアフリカに分ける嫌いがあった。この視点で島国である日本と「アフリカ」のスペインは同じようにヨーロッパの文化圏にふれていない、というのである。一方、精神的に偏った、という部分に関して日本とスペインが同じであるということについては池島の説明が述べられていないため、厳密な解釈は難しい。だが、いずれにしても重要なことは、池島は日本とスペインを重ね合わせるという着想を持った点にある。共通した国、スペインの思想家が何を想うか、親近感とも言うべきこの発想がオルテガに対する関心を大きく増幅させたと推測させる。

ふたつ目は、オルテガが『現代の課題』で展開した表現方法である。周知のとおり、難解な言い回しを用いないオルテガの文章は、[6]「共通」した国、日本の池島に大きな衝撃を与えた。なぜなら、当時の日本の哲学書の文章は極めて難解であることが当然であり、その分野の専門家でなければ容易に近づくことができなかったためだ。スペインに対して、親近感を覚えていたにもかかわらず、そこから出てきた哲学書の常識とは正反対のなめらかで美しい文体によって書かれた哲学書について、池島は「晦渋を当然とされているこの国の哲学の書に対して、この訳書の有する意味を確信している」[7]と述べている。以上、オルテガの人物評と池島をオルテガの書物の翻訳へと駆り立てたふたつの要因について検討を行った。

一九三八年、池島は「現代の課題」に加え、「芸術の非人間化」、「小説の考察」、そして「知性の改造」の四作品を一まとめとして、『現代文化学序説』という翻訳書を刊行した。この本における「訳者序」でも、池島はオルテガの紹介を行っているが、先に取り上げた『現代の課題』の文面に新たな記述を加えている。それは哲学者、思想家としてのオルテガに、学者、ジャーナリスト、政治家の面を加えたのであった。池島がこうした紹介を行った意図は次の文面に現れている。

彼（オルテガ、筆者注）の博学は誰でも驚嘆するところで、（中略）この意味では、哲学の専門家、文藝の専門家、美術の専門家、音楽の専門家、政治の専門家等々、各文化領域の専門家のみあって、文化の全体的把握の達人の殆んど皆無と言ってよい日本の現在の思想界に、オルテガの著作はすくなからざる示唆を与えると信ずる。(8)

つまり、我が国には各分野の専門家と言われる人は存在するが、それら全体を包括した専門家という存在は日本にはおらず、その意味でオルテガは真に稀有な存在であると池島は考えたのである。そうしたオルテガの著作を翻訳することにより、日本の思想界に何らかの影響を与えることを池島が願っていたことは評価されるべきであろう。同様のことは「訳者序」の最後でも述べられている。

日本文化の研究は今日あらゆる方面から盛んに行われている。この精神的状況に於いて現代文化の本質をその世界的展望に於いて解明する本書は、その豊富な独創と犀利な眼光とによって、すくなからざる示唆をもたらすことを、私は信じている。(9)

このように池島がオルテガの著作を翻訳した目的は、哲学や社会学といった個別の学問、分野の発展を意図したものではなく、文化の向上を目的としていた。そして、その文化の発展には幅広い展望から取り組むことが重要であると考えたのであった。つまり、日本の思想界の発展、また文化水準の発展に寄与する可能性をオルテガの著作にみたのであった。個別の学問や分野の発展にのみこだわらない池島の姿勢は、まさにオルテガがスペインの文化水準の向上のために取り組んだ姿勢と共通しているように思われる。これは同時に、池島がオルテガの思想をスペインやヨーロッパといった地域に限定されたものではなく、日本においても通じる汎用性のあるものとしてとらえたことを意味する。

さて、池島はオルテガの著作の翻訳活動だけにとどまらず、一九三九年には生の哲学の立場から、現代文明の諸相について論じた評論集、『情熱の論理』を出版している。池島はその中で「オルテガが生の価値を礼賛するときはあたかもジンメルの再来を思わせるものがあって、決して単に知性に代わるものというような一面性はなく、また、理性の意義を説くときには、ソクラテスの風貌をしのばせるものすらある[10]」と述べ、オルテガ思想の一端を簡潔に紹介している。また、池島はこの本の「あとがき」で自らの思想的立場について、「結局この書で一貫して私の主張というようなものになっているものは、文化において生を強調する思想であり、その場合生は情熱という基底的なものの論理によって動くという思想である[11]」と述べ、生を強調する思想への共感が池島をオルテガ研究へと向かわしめたことが明確となっている。

池島は一九四一年、『現代文化学序説』で扱った四作品に「額縁」を加え、『評論集　現代の課題』を出版したが、その中で述べられているオルテガの紹介や人物批評についてはそれまでのものと同様であった。

一九五四年、池島は学術誌に三頁という短い文章でオルテガを紹介する際、それまでよりも強調してオルテガの評価について述べている。まず、世界的に知られたスペインの哲学者はウナムーノとオルテガの二人であるが、オルテガは世界的な哲学者として不動の地位を占めていると説明した。そして、オルテガが注目される理由が「哲学の不毛の地に生まれた珍しい存在という意味ではないのだ[12]」と述べ、国籍をもとにしたオルテガ批評には正当性がないことを明確にしている。

そして、一九五五年十月十八日、オルテガはその生涯を終えることになるが、その訃報を新聞紙面にて報じる役目を担ったのが他でもない、池島であった。このことは当時、池島が我が国におけるオルテガ研究の第一人者として、確固たる地位を築いていたことを示している。なお、新聞記者ではなく、大学の研究者が筆名入りでその任にあたったこと自体、筆者には興味深いことに思われる。

「〝現代の賢者〟オルテガの死[13]」と題されたこの訃報記事は、見出し、写真、そして約六百文字分のスペースで構成されている。遠い異国の哲学者の死を報じるにはずいぶんと大きく扱われている印象を受ける。それだけオルテガが日本でも受け入れられていたと解釈するのが一般的であろう。なお、記事の中ではオルテガと池島の間接的[14]なやりとりについてふれられているが、このことは他の出版物では扱われていない。

3 受容の進展

日本におけるオルテガの本格的な受容は桑木に始まり、池島の研究によって少しずつ広がりを見せた。とは言っても、日本においてオルテガはまだまだ無名の存在であったことは残された資料数からみて明らかだ。この状況が本格的に変化していくのは一九五〇年代からである。ここでは、桑木、池島以外の新たな研究者が現れ始める、一九四〇年から一九五五年までに限定して、研究者たちがどうオルテガをとらえたのかをみていきたい。

池島が『現代文化学序説』を出版した三年後の一九四〇年、オルテガの『愛についての省察』が堀秀彦によって翻訳された。堀は大学で哲学を学んだ後、研究者として、また評論家として多数の著作を残した。彼は同じ学問分野の池島と親交があり、『愛についての省察』のドイツ語版を池島から借り、翻訳を行った。この翻訳書の「訳者序」で堀は「オルテガの文章はきわめて華麗であり言わば気取ったものである。私はこの華麗な或は非常に垢抜けのした彼の文体を到底そのまま日本語に移すことが出来なかった。残念だと思う[15]」と述べている。池島が難解な言い回しを用いないオルテガの文体に魅了されたように、堀もまた同じ思いを持ったのである。こうした思いと翻訳が満足のいくものではなかったことが再度、翻訳を行う動機となったのであろう。一九五三年、堀は『愛についての省察』を『恋愛論』へと書名を変え、あらためて出版した。その「訳者あとがき」では、オルテガについて「単にスペインの思想家というよりも、ヨーロッパ全体の思想家というべき学者[16]」、と紹介した後、オルテガの『恋愛論』について次のように評価している。

私はこのオルテガの恋愛論を、私のいままでよみ得たもののうちで一ばん素晴しいものだと思います。

私の訳文が下手なために、オルテガの文章の香り高い調子をそのまま到底うつすことはできませんでしたが、恋愛という誰でもが一度は経験する精神と肉体の根本的な動揺、いや高ぶりを、これ程、美しく、しかも正確冷静に分析した本を、私はこれ以外に知りません。スタンダアルの恋愛論をまっこうから反駁しながら、恋愛の持つたぐいない神秘的な心の経過をこれ程、適確、説明しえぐり出した理論がいままで他にあったでしょうか。これは恋愛の単なる心理学でもなければ、さりとて、恋愛の心理を無視した一人の思想家の単なる恋愛評価でもありません。[17]

堀は以上のように、『恋愛論』で展開されている文章表現、そして分析について最大級の賛辞を送っている。オルテガが文化全般について広範な知性を有していたことが『恋愛論』を単なる心理学や恋愛評価に終始した内容に留めなかった理由であろう。堀はオルテガの紹介について、よく述べられるように幅広い見識についてはふれていない。それは単なる学問的な見識の広さではこの種のテーマを論じることは妥当ではなく、その意味でオルテガが人間についての深い考察を行っていたことが理解できよう。こうしたことから『恋愛論』の翻訳版が持っていた意味は実は大きい。なぜなら、『恋愛論』はそれまでのオルテガの著作の翻訳とは違い、純粋に哲学の分野に関する内容だけを扱っているわけではないからである。つまり、池島が当初から述べていた、幅広い分野に深い見識のあった「オルテガ」がようやく日本においても見てとれるようになったのである。こうした動きはこの後の『大衆の反逆』などへとつながり、ますます顕著なものとなっていく。

『大衆の反逆』[18]（*La rebelión de las masas*, 1930）は一九三〇年にスペインで出版されて以降、オルテガの名をヨーロッパのみならず、アメリカにまで広める契機となったオルテガの主著である。一九五三年、その『大衆の反逆』が、日本の哲学、社会学の発展に大きく寄与した樺俊雄[19]、ドイツ文学の分野で多数の翻訳を残した佐野利勝の二人によって、それぞれ『大衆の蜂起』、『大衆の叛逆』という書名で出版された。なお、樺、佐野のどちらも翻訳の底本として使用したのはドイツ語版であった。

先に翻訳を刊行した樺はオルテガが大衆社会としての現代批判を多角的に行った点、そしてその批判が二十年以上を経過してますます現実的になっている点について、オルテガの叡智への驚嘆ぶりを述べている。[20]このことから、この本で展開された批判が決してヨーロッパやアメリカだけで有効であったのではなく、当時の日本社会の現状と照らし合わせても効力のあるものだったことがうかがえる。

一方、佐野はオルテガの批判を日本の現状と重ね合わせ、より身近なものとして受け取った。そのことは次の箇所から見てとれる。

ここに述べられている厳しい批判は、言うまでもなく西洋文明に向けられているのであるが、だからといって、東洋が忘れられているではないかなどとは言って貰いたくない。ことはわれわれ自身の問題なのである。この本の中で放たれている数々の鋭い攻撃の矢は、ひとつひとつが我が国の現状に向けられているのだと言っても決して過言ではないのである。世人はよく「戦後の混乱」と言うが、それは決して一時的な現象ではなく、その禍根は実に深いところにあることをわれわれは本書によって学び得るだろう。わが国では今日、いたずらに外部からの圧迫に対するレジスタンスの声ばかりが強い。しかし、一民族の生命が容易に外的圧力のみによって奪われ得るものでないことは、歴史がこれを証明している。恐るべきはむしろ内部崩壊であろう。にも拘らず、刻々に内部より崩れつつあるものに対する抵抗の声があまりに希薄なのは何故であるか。しかも、これこそ真に「抵抗」の名に値するものではないか。西欧文明は危機に直面している。しかし、危機のなかにあるのは何も西欧だけではない。そして西欧には、オルテガのような思想の闘士が、少なくともいるのである。この書物の翻訳を思いたったのも、このような自らの反省に資せんがために他ならない。(21)

以上のとおり、佐野はオルテガの厳しい批判を自分たちへの批判として受け止めている。その際、佐野の思想の基底となっていたものが敗戦後の日本社会であったことは明らかである。つまり、佐野は敗戦後の日本と危機に直面している西欧との間を結びつけ、同様の立場として捉えていた。そうした同様の立場にありながら、奮闘しているオルテガの存在に大いなる刺激を受け、オルテガの如く社会に対して警鐘を鳴らす活動が翻訳へと結びついたのである。こうしてみると『大衆の反逆』は佐野にとって、敗戦後の日本がいかにして立ち直っていくべきかを示唆する書となっていたと考えられる。とすれば、『大衆の反逆』が果たした意義に日本独特な一面が加えられることになるだろう。

樺と佐野が翻訳書を出版した同年、倫理学、哲学の分野で多くの著作、翻訳を残した研究者、広瀬京一郎がオルテガの『大学の使命』について、「現代文明の危機と大学の使命――オルテガの所論から」という論文を発表した。広瀬の論文は主に大学論について私論を交えながら扱ったものであるが、堀の『恋愛論』と同様、オルテガの幅広い知性を日本に紹介したという点で意義深いものであった。つまり、広瀬の論文は『大学の使命』について扱った日本で最初の論文となる。こうしてまたひとつ、オルテガの幅広い思想領域が明らかとなった。

一九五四年、オルテガの『危機の本質』が前田敬作によって翻訳された。前田は多くの翻訳を残したドイツ文学研究者で、先に挙げた佐野の友人であった。彼は翌年にもオルテガの『技術とは何か』の翻訳を行っている。前田は『危機の本質』に付した「あとがき」でまず、スペインについて次のように述べている。

かつての黄金時代をかざる最後の偉大な思想家スアレス以後、一人のまっとうな哲学者も輩出せず、完全に不毛の地であったスペインの思想界が、オルテガの超人的な努力によって、いまやヨーロッパの最も高い水準にまで達したのである。(中略)スペインはもはや浪漫的回想とカルメン的熱情の国ではない。[22]

この記述から理解されるように、スペインに対する評価は戦前と大きく変わり飛躍的に高まっていたようだ。しかもそれは、オルテガの尽力によるところが大きい。前田はこのようにスペインの変貌について述べた後、オルテガの名がまだ日本で広まっていないことについても独自の観点から言及している。前田によれば、そもそも「オルテガは、わが国ではまだほとんど本当に問題にされたことがない。(中略)このことは、思想というものがわが国では依然として不毛であることの悲しい証左であるかもしれない[23]」と考えていた。オルテガの名が日本で広まっていないのは、言葉の問題や学問分野の違いなどによるものではなく、オルテガの思想を理解できるだけの土壌が育まれていないからであり、そんな日本の現状を前田は憂えていたのであろう。

前田がなぜ思想を重視したかについては、『技術とは何か』の「あとがき」で詳しく述べられている。すなわち、敗戦後の日本は生活を再び立て直すという課題に直面していたが、この課題は物質的、経済的な面での復興だけではなく、精神的、文化的な面でも達成されなければならない。そもそも、「われわれの文化的荒廃は、決して戦争とともにはじまったものではなく、それよりもっと以前からはじまっていた[24]」と前田は考えていたからである。こうした理由から思想に重きを置いたのである。

前田は以上のようにオルテガの思想が広まっていない日本の思想界への批判を行ったが、もう一点、当時の哲学への批判をオルテガの哲学と比較して述べている。

オルテガにおいては、哲学と歴史と批評が一つになっている。かれにおいて哲学がふたたび批評となったのである。批評としての哲学――オルテガ哲学のこの批評性こそ、かれの思想が現代にたいしても つ最も重要な、最も積極的な意味でなければならぬ。また、かれが「哲学の王国」ドイツにおいて異例の高い地位をあたえられているのも、この生産的な批評的性格のゆえにほかならない[25]。

前田によれば我が国では、当時は哲学と歴史と批評がひとつになっていなかったために、哲学は言うなれば、机上の学問としての意味しか持っていなかった。しかし、哲学は本来、人間の歴史と切り離して考えるものではなく、また人間への批評も哲学と歴史の検討から放たれるものでなければ本質をつくことはできない。哲学と歴史と批評がひとつとなって、哲学は本来の「生きた哲学[26]」へと戻るのである。このように前田は現実の問題の批判を通して、人々にオルテガの思想を訴えた。こうした点は他の研究者たちと一線を画すのである。

桑木厳翼から本格的に始まる日本におけるオルテガ思想の初期受容について、このスペインの哲学者に対する研究者たちの記述をもとに、その特質を浮き彫りにすべく考察してきたが、この過程で明らかになった点を要約して本章の結びとしておきたい。

まず、要因として挙げられるのは、ドイツでのオルテガの評価である。この当時、日本での哲学研究は「哲学の王国」と評されたドイツ哲学の研究が主流であったため、そのドイツでオルテガが高い評価を受けていたということが研究者たちの興味を喚起した。このことは、オルテガを紹介した多くの研究者がドイツでの評価について言及したことに現れている。また、オルテガがドイツで評価されていたことがオルテガの著作がいち早く、ドイツ語へと翻訳されることにつながり、日本でオルテガの著作にふれる機会へと結びついたことは大きい。これがドイツ語を介さず、原語であるスペイン語から日本に導入されたのであれば、日本でのオルテガの受容にはより多くの時間を要したに違いない。

そして、オルテガ自身に視点を移せば、彼の持っていた思想の広がりも大きな要因である。学問的にみれば、オルテガの思想は哲学の分野だけに偏ったものではなく、幅広い分野に深く思慮を巡らせた思想であったため、哲学以外の分野の人々も引きつけた。その幅広さ、深さについてはすでに先述したとおりである。また、本章でもすでにふれたように、思想を表現する際に用いた彼の卓越した文体にも人を魅了するものがあったことを忘れてはならない。

最後に、日本の社会事情もオルテガが日本で受容されたその要因となろう。戦前では池島が、戦後では佐野が指摘した、日本の思想界の人材不足は新たな思想の渇望へとつながり、その答えのひとつをオルテガに求めたのである。また、『大衆の反逆』でオルテガが批判したように、人々の内部からの崩壊がヨーロッパ、アメリカのみならず日本でも起こっていたことがオルテガの批判に耳を傾けることへとつながったのである。つまり、オルテガが適確に批判した社会現象は日本においても的を射たものとして受け入れられた。特に佐野のように、自分たちへの批判としてとらえ、オルテガの如く社会に対して警鐘を鳴らした者もいた。哲学が本来、人間についての学問であることに鑑みれば、哲学を基底に組み上げられたオルテガの社会批判が日本でもその有効性を見せたことは当然のことであろう。

注

（1）桑木厳翼「西班牙の思想家ホセ・オルテガ・イ・ガッセット」、四五頁。

（2）同上、四五頁。
（3）同上、六四頁。
（4）池島と三木との関係については、高橋彦博「東京社会科学研究所の社会実験」（『大原社会問題研究所雑誌』四七九、一九九八年、一—二二頁）を参照されたい。
（5）池島重信訳『現代の課題』、二頁。
（6）『大衆の反逆』が代表的な例であるが、オルテガの文章はスペイン国民の知的水準向上を意図して、新聞で連載されたものが多く、その意味で難解な言い回しは限定的である。
（7）前掲書、四頁。
（8）池島重信『現代文化学序説』、二—三頁。
（9）同上、四頁。
（10）池島重信『情熱の論理』、一〇〇頁。
（11）同上、二七一頁。
（12）池島重信「オールテガ」、一九頁。
（13）池島重信「〝現代の賢者〟オルテガの死」。
（14）オルテガとの直接的なやりとりを記録した唯一の資料としては、小島威彦「オルテガ、マルセル、ハイデッガー——歴訪記の中より」（『理想』二七三、一九五六年、五八—六五頁）がある。
（15）堀秀彦訳『愛についての省察』、五頁。
（16）堀秀彦訳『恋愛論』、一八九頁。
（17）同上、一九〇頁。

(18) 邦訳に関しては後述のとおり、いくつかの表記があるが、本論では現在において最も一般的となっている、「大衆の反逆」を用いる。
(19) 樺訳版の「訳者あとがき」によれば翻訳は西村勝彦が行ったものに樺が手を加えたとの説明があるが、著書の訳者として樺の名だけが記されている。このため、樺のみを翻訳者として扱った。なお、西村は神戸大学の社会学者であったが哲学の分野を歩んでいなかったため、樺に翻訳を託したと推測される。
(20) 樺俊雄訳『大衆の蜂起』、二五五頁。
(21) 佐野利勝訳『大衆の叛逆』、二六九—二七〇頁。
(22) 前田敬作訳『危機の本質』、一五二頁。
(23) 同上、一五二頁。
(24) 前田敬作訳『技術とは何か』、一四三頁。
(25) 前田敬作訳『危機の本質』、一五五—一五六頁。
(26) 同上、一五五頁。

参考文献

＊本章で対象としたオルテガ作品の翻訳書
堀秀彦訳『愛についての省察』実業之日本社、一九四〇年
堀秀彦訳『恋愛論』みすず書房、一九五三年
池島重信訳『現代の課題』刀江書院、一九三七年
池島重信訳『現代文化學序説　現代思想全書一五』三笠書房、一九三八年

池島重信訳『現代の課題　評論集』実業之日本社、一九四一年
樺俊雄訳『大衆の蜂起』東京創元社、一九五三年
前田敬作訳『危機の本質』創文社、一九五四年
前田敬作訳『技術とは何か』創文社、一九五五年
佐野利勝訳『大衆の叛逆』筑摩書房、一九五三年
＊本章で対象としたオルテガ研究等
広瀬京一郎「現代文明の危機と大学の使命——オルテガの所論から」『世紀』四六、一九五三年、三二—三七頁
池島重信『情熱の論理』三笠書房、一九三九年
池島重信「オールテガ」『理想』二五三、一九五四年、一九—二一頁
池島重信「〝現代の賢者〟オルテガの死」朝日新聞、一九五五年一〇月二一日朝刊
桑木厳翼「西班牙の思想家ホセ・オルテガ・イ・ガッセット」『丁酉倫理会倫理講演集』四〇三、一九三六年、四五—六四頁

第二章　オルテガ思想研究の開始

本章では、オルテガに関する日本で最初の論文が発表されたと長らく定説となっていた一九三六年（一九三三年に最初の論文があったことが近年明らかになった。第三章で後述する）からオルテガがその生涯を終える一九五五年までを第一の区切りとして、この期間におけるオルテガ受容の流れを概観し、その後、同様に一九五六年から一九七五年までの二十年間を第二の区切りとして、わが国において、この期間に展開されたオルテガ研究の流れについて検討を行う。戦後の日本社会において、オルテガの思想が受け入れられた過程、その特色、そして他の時期との相違点について検討することにより、日本におけるオルテガ思想の受容の特質に迫ることを目的としている。

1 一九五五年以前の研究

一九三六年、桑木厳翼が「西班牙の思想家ホセ・オルテガ・イ・ガッセット」でオルテガを日本に紹介したことを契機として、日本におけるオルテガ研究はその始まりをみた。その後、池島重信をはじめとして、幾人かの研究者たちがオルテガ思想の解明と普及に努めたが、その数は非常に限定されたものであった。

ここではそうした日本におけるオルテガ研究の過程について、一九三六年からオルテガが他界する一九五五年までを一つの区切りとして捉え、この期間の研究者たちや研究傾向、またその意図について整理しておく。

桑木に続いて、オルテガ思想を研究したのは池島重信であった。彼は初期オルテガ研究の第一人者としてオルテガ著作の翻訳やオルテガ思想に関する論文の執筆を進め、その後のオルテガ研究の土台を作ったともいえる。また、オルテガを哲学者、思想家としてのみ解釈するのではなく、学者、ジャーナリスト、そして政治家など、オルテガが多方面で活躍していた事実を日本に紹介した。こうした池島の活動によってオルテガの名は少しずつ広まりを見せたのであろう。その後、池島以外にも堀秀彦をはじめとする研究者らがオルテガの著作の翻訳を進め、オルテガの著作に日本語でふれることのできる状況が少しずつ整備されていった。なお、そうした中でオルテガの名をヨーロッパ、アメリカにまで広めた彼の主著、『大衆の反逆』(1)も翻訳されたのであった。

このように、この時期にオルテガについて研究、もしくは彼の著作を翻訳した人々は非常に少なく、人数からみれば十人にも満たない、一部の限られた人々だけであった。桑木が最初にオルテガを紹介してから約二十年、日本におけるオルテガ研究はまだまだ始まったばかりであった。だが、彼らの研究、翻訳作業からいくつか指摘できる点も浮き彫りとなった。その内容を三点に分けて、指摘しておきたい。

まず、第一点目として日本の研究者たちがどのような要因からオルテガに興味を抱くようになったのかが明らかとなった。それは、オルテガがドイツで高い評価を受けていたためである。当時の日本ではドイツ哲学研究が盛んであり、ドイツは「哲学の王国」とまで評された。そうしたドイツで高い評価を受けていたオルテガに興味を抱いたのは自然の流れといえる。オルテガの著作はドイツ語のみならず、多くの言語に翻訳されたが、日本の学問状況に鑑みるとドイツ語に翻訳されたことは、日本でオルテガの著作にふれる機会へと直接的につながったため、多くの日本人研究者たちがオルテガ著作にふれることが可能となった。オルテガがドイツ以外で評価され、ドイツ語以外の言語でしか翻訳されなかったとしたら、日本でのオルテガ思想の受容にはさらに多くの時間を要したことであろう。

第二点目にオルテガが持っていた思想の広がりとその思想を表現する際に用いた、彼の卓越した文体が多くの人々を引きつけたことが指摘できる。オルテガは哲学のみならず幅広い分野について深い見識を見せていた。この点については、池島の言葉がその事実を最も適切に表現している。

オルテガは歴史を決定したあらゆる芸術作品に対して行き届いた理解を示す一方、晦渋と言われているドイツの精神科学に対しても精密な知識をもっている。また深奥を誇る東洋思想への悟入があるかと思えば、感性の極致を誇るフランス文化に対する味解も容易に他の追随を許さぬものがある。(2)

このように、オルテガの思想は哲学の分野だけに偏ったものではなく、幅広い分野に深く思慮を巡らせたものであったために、哲学以外の分野の人々も引きつけたのであろう。その一人が先に挙げた堀である。彼はオルテガの『恋愛論』を翻訳したが、書名からも推測できるように、これは純粋に哲学の分野に関する内容だけを扱っているわけではなかった。その意味で、『恋愛論』はオルテガの思想の広がりを最初に示した著書と言っていいだろう。また、忘れてはならないのがオルテガの卓越した文章表現力である。この点について も堀をはじめ、多くの人々が最大級の賛辞を送っている。幅広く深い思想を卓越した文体で読み手に伝える、という最も難しいことがオルテガの書では展開されていたため、さらに広く深く人々を引きつけたのであろう。

最後に、第三点目として日本の社会情勢がオルテガ思想の受容へと結びついたことが指摘できる。『大衆の反逆』を翻訳した樺俊雄は、オルテガが大衆社会として現代を捉え、その状況を多角的に批判し、その批判が二十年以上を経過してますます現実的になっている点について、オルテガの叡智への驚嘆ぶりを述べている。(3) つまり、『大衆の反逆』は、ヨーロッパやアメリカが対象となっていたにもかかわらず、当時の日本社会の現状と照らし合わせても効力のあるものだったことがこれにより明らかである。同様のことは同じく

『大衆の反逆』を翻訳した佐野利勝も述べている。彼は敗戦後の日本と危機に直面している西欧とを結びつけて、同様の立場として捉えた。つまり、『大衆の反逆』で展開されている批判を自分たちへの批判として捉え直したのである。危機に直面しているという同様の立場にありながら、その状況を打破すべく奮闘するオルテガの存在は佐野に大いなる刺激を与え、日本社会に対して警鐘を鳴らす知的活動へと向かわせた。また、戦後の復興における思想の重要性を説いた研究者として前田敬作も挙げておきたい。彼は敗戦後の日本の立て直しという困難な課題に直面していた当時にあって、とかく優先されがちな物質的、経済的な面の復興だけではなく、精神的、文化的な面での復興の重要性を説いた。オルテガが批判した、思想を欠いた社会と日本がならないよう、前田も知的活動を行ったのである。以上のとおり、オルテガの思想は哲学を基底として展開されたからこそ、彼の社会批判は地域や人種を超え、日本においてもその有用性を見せた。

2 一九五六年以後の研究——研究論文

一九五六年以降の日本におけるオルテガ研究はそれまでとは大きく異なったものとなっている。ここでは一九五六年から一九七五年までの期間に発表されたオルテガ思想に関する研究論文の中から主なものを取り上げ、その流れをたどってみることにより日本におけるオルテガ思想受容の進展を明らかとしたい。

一九五五年までに刊行されたオルテガ関連の論文の内容をおおまかに整理してみると、中心となったのはオルテガの人物像について紹介した論文であった。つまり、オルテガの思想について研究したものはまだ希少であった。[4] しかし、こうした流れは一九五六年以降、少しずつ変化を見せる。

一九五六年の原佑の論文、「ホセ・オルテーガ・イ・ガセットの思想」はそれまでの論文とはふたつの点で大きく異なっている。ひとつは純粋に哲学的アプローチからオルテガの思想を解明しようとした点である。この種の論文はそれまでには存在せず、オルテガ研究が一歩、先に進んだことを示している。もうひとつは論文の掲載先である。この論文はそれまでの論文とは違い、哲学会の会誌『哲学雑誌』に掲載された。[5] このことは、オルテガ思想が本格的に日本の哲学の分野でも認知された、[6] と理解できる点で大きな意味を有している。

また、一九五七年に奥村家造が著した論文[7]は、「書評」という見出しになってはいるものの、十六頁にもわたり、オルテガ思想について丹念な検討を行っている。その構成は、まず、オルテガの著作が発刊された時期と日本でそれらの著作が翻訳された時期との時間差について、当時の日本社会の情勢も踏まえた考察を展開した。そして次に、それまでに著されたものと同様に、オルテガの人物紹介についても最小限扱い、その後、オルテガの生・理性哲学について綿密な検討を行った。このように、奥村の論文においてオルテガの人物紹介は全体からすると一部分であり、大半はオルテガの思想の研究へと目が向けられている。それまでの論文がオルテガの人物紹介を中心としていたことを考えるとこの論文もまた、原と同様、オルテガ研究が少しずつ進んでいることをうかがわせる。

ここまで、二つの論文を取り上げたが、これら二つの論文はすでに述べたとおり、それまでのものとは違い、オルテガの思想を考察対象として論を進めている。だが、どちらの論文もオルテガ思想全体を包括的に考察対象としたため、個別の分野に対して綿密な検討が加えられたわけではない。

幅広い分野にわたっているオルテガ思想。このことが現在でもオルテガ研究が続けられている一つの要因とも言えるが、一九六〇年代に入ると、そうした幅広い分野のひとつひとつに光が当たり始めるようになる。つまり、単なる人物紹介から包括的な思想解説へと進み、そしていよいよ個別分野についての研究が進んでいくのである。まず、第一に挙げられる研究者はアンセルモ・マタイスであろう。一九六〇年代のオルテガ研究を進めた中心人物と言って過言ではない。マドリード生まれながらも卓越した日本語運用能力を有していたマタイスは、次々とオルテガに関する研究論文を発表し、オルテガ研究の幅を広げたと言える。彼が発表した論文の中身をキーワード別で見てみると、「オルテガの哲学」、「オルテガの倫理思想」、「オルテガの時代批判」、そして「オルテガの大学論」というように、オルテガの紹介やオルテガの思想全般について扱っていたそれまでとは違い、個別の分野に焦点が当てられている。こうしてそれぞれの論文で展開された鋭い考察が、日本におけるその後のオルテガ研究の礎となったことは間違いない。マタイスはそれまでの論文がドイツ語版のオルテガ著作を基にして、研究を進めていたのに対し、原典、及び本国スペインで進められていたオルテガ研究を基に自らの研究を進めたのであった。[8] また、彼が論文で触れているように、スペインでは一九四〇年以降、オルテガ哲学の解釈を巡ってふたつの立場が対立し、激しい論争を繰り広げた。こうした論争は研究面において、大きな恩恵をもたらすが、そうした最新の研究成果を踏まえた研究をマタイスは展開したのである。このように、マタイスのオルテガ研究における貢献は大きく、それは一九七〇年代においても同様であった。彼は新たな論文執筆に加え、それまでの論文をまとめた書物の出版も行った。以上のとおり、マタイスはオルテガ思想の広がりを示すために、数多くの研究成果を残したが、その中でオルテガ思想の広がりについて次のように述べている。

マリアスが述べているように、オルテガの思想は一見してさまざまなテーマについての、多少の差はあれ、直観的な思いつきや考えの集積に見えるが、実は厳密な体系的連関を持っているのである。(9)

このように、マタイスがオルテガ思想の広がりを人々に提示した理由は、ひとつの分野からでは見通すことが困難な「厳密な体系的連関」を摑み取るための手助け、と言っても過言ではないであろう。オルテガは自身の思想分野のひとつひとつに、万人向けの明快な思想体系を提示しなかった。そのために、「直観的な思いつきや考えの集積に見える」オルテガ思想の解説は大きな意味を果たしたに違いないだろう。

さて、マタイスが示したオルテガ思想の幅広さは、彼だけではなく、他の研究者たちによっても少しずつ確認されていった。この時期に扱われ始めた分野を簡単に見ておくと、まずは政治学であろう。大谷恵教は、本質的に人間が真摯に政治を行うことは可能か、という問いに関する考察において、オルテガの思想をその一部に取り上げた。(10)政治学の分野についてオルテガの思想が論文で取り上げられたのはこれが最初と思われる。

また一九七〇年にはオルテガの芸術面への考察が研究論文において扱われている。ベラスケスを考察対象とした遠藤恒雄の論文[11]は、オルテガ思想が芸術分野にも及んでいたことを示すものとなった。実際、オルテガは芸術の分野についても数多くの考えを書き残しており、これらが少しずつ日本でも扱われ始めたことを意味している。こうした流れの中、一九七三年に千代田謙が著した論文[12]はオルテガ思想の幅広さだけを示すではなく、その深さをも示すものとなった。三人の思想家の歴史主義を比較検討したこの論文は、第一義的には歴史学という分野にもオルテガの思想が及んでいたことを示している。しかし、オルテガは著作の中でたびたび、歴史主義を基に考察を進めているように、歴史主義はオルテガ思想全体を貫く、ひとつの柱であった。『大衆の反逆』で展開されたオルテガの考察の根底にも、生・理性哲学同様、歴史主義は欠かすことのできない要素となっている。こうしてみると、オルテガ思想の幅広さを担っているひとつひとつの分野は、それぞれ独立したものではなく、相関関係を持っていることが明らかとなるだろう。マタイスの言う、「体系的連関」が彼以外の研究者によっても少しずつ明示され始めたことを千代田の論文は示している。

以上のとおり、オルテガが持つ幅広い思想について、それぞれの分野ごとに研究が進み始めたのが一九七〇年代前半までの動きであった。最後にひとつ、オルテガ思想の新たな展開について検討を行い、この章を終えることとしたい。一九七五年、宮澤康人が出版した論文[13]にはアメリカ教育学においてオルテガ思想がどのような役割を果たしていたかを指摘している。

アメリカ教育史の射程を拡大するのに貢献しているものに、なお、個々の人物研究と比較教育史研究の二つがある。いずれも、これまで十分に手がけられていたとはいえない領域である。人物研究は、一方では教育思想史研究と結びついて隆盛に向い、なかには、オルテガ・イ・ガセットのような、従来教育思想史の書物にあまり登場してこなかった人物を対象にしたすぐれた業績もある。(14)

オルテガは、専門化に傾き過ぎた状況を良しとせず、一般教養の重要性を説いたが、こうした思想についてはすでにマタイスがオルテガの大学論をテーマとして論文を著している。(15) そのため、宮澤の論文は日本において未だ研究されていないオルテガの思想分野を初めて提示したことにはならない。宮澤の論文が示したオルテガ思想の新たな展開とは、本来、オルテガが最も研究される分野（例えば、哲学や社会学など）とは違う分野の研究が他国で進められ、そしてそのことが日本で紹介されていることにある。このことは、オルテガ思想が持つ幅広い分野のひとつひとつに研究を進めるに値する思想的体系が存在することを示すことにつながったのではないだろうか。少なくとも、オルテガがその名声を確立した分野とは異なる分野において、さらなる名声を確立している様を日本に紹介した点で、宮澤の論文にはそれまでの他の論文にはなかった新しさがあると指摘できる。

3 一九五六年以後の研究——翻訳、研究書等

前章で扱った研究論文の場合と同様、ここでは一九五六年から一九七五年までの間に刊行されたオルテガ

著作の翻訳、並びにオルテガに関する研究書から主なものを取り上げ、その流れをたどってみる。

一九五三年にオルテガの主著『大衆の反逆』が出版されて以降、オルテガの著作は次々に日本語へと翻訳されていった。それらの中の主な作品を挙げてみると、『ドン・キホーテに関する思索』、『芸術の非人間化』、そして『大学の使命』などが一九六〇年代の終わりまでに翻訳された。また、一九六九年から一九七〇年にかけては、全八巻本のオルテガ著作集が白水社より発刊された。オルテガ著作の主要な作品が収められたこの著作集の登場により、日本語によるオルテガへのアプローチが可能となり、より一層、オルテガの幅広い思想分野について研究が進められた。

また、オルテガ著作の主要作品の翻訳本の出版と並行して、オルテガが書き残した無数の短編物も日本語へと翻訳されていった。そうした中、日本におけるオルテガ研究に大きな貢献を行ったのが、先に挙げたマタイスである。すでに述べたように、マタイスのオルテガ研究における貢献は研究論文の発表に限らず、オルテガ著作の翻訳や研究書の出版などの面においても目を見張るものがある。ここでは彼のそうした活動の中でも、日本におけるオルテガ研究に新たな広がりをもたらした点について指摘しておきたい。それはオルテガとウナムーノの関係性について、という日本においては未だ未開拓の研究分野を提示したことである。ウナムーノとオルテガの名が同時に取り上げられたものとして、最も古いものでは、桑木の論文[16]が挙げられるが、それは具体的に両者の関係性について扱ったものではなかった。マタイスは両者が交わした書簡の翻訳と、両者の出会いについて解説した文をひとつにして出版した。この著書により、他言語を介さず両者の関係性という新たな分野への接近が可能となったのである。

マタイスによれば、現代スペイン哲学の構築について考えた時、常に人々に思い浮かべられる人物はウナムーノとオルテガであるが、日本における両者の研究状況には進展面において違いがあった。すでに見たとおり、オルテガ研究はオルテガが持つ幅広い思想分野のひとつひとつへと研究が進展しており、著作集も刊行されていた。それに対し、オルテガより早く日本へと導入されたウナムーノであったが、ウナムーノ研究が進展を見せるまでには多くの時間を要していた。しかし、一九七〇年代に入り、ようやくウナムーノ著作集が法政大学出版局より刊行され、その状況は変わりつつあった。

さて、両者の関係を比較研究できる環境が整備され、その研究が進むと一体、何がもたらされるのであろうか。マタイスはまず、ウナムーノ研究がオルテガ研究ほど進んでいなかったことに対して、「オルテガの理解にあたっても、またスペイン思想の把握に際しても一つの障害となっていた」[17]と述べた後、その真意を次のように詳述している。

この両思想家の著作集の紹介が十分になされるならば、日本のスペイン思想の研究家にとって新しい観点が開かれるといっても過言ではないと思われる。というのは、この両者は一方では共通な要素をもちながら、他方それぞれの著作をみると、そこには両者の対照的な気質が反映しており、その微妙な共感・反発の中から現代スペイン思想が形づくられていったとも見ることができるからである。[18]

このようにマタイスは、オルテガとウナムーノの関係性について比較研究することはオルテガについての理解を深めるために大きな重要性を持つだけでなく、現代スペイン思想を理解するためにもきわめて重要であると考えていた。現代スペイン思想が両者の共感と反発によって形づくられたのならば、現代スペイン思想を研究することはひいてはさらなるオルテガ理解へと帰結することは疑うべくもない。オルテガとウナムーノの関係性という、それまでの日本にはなかった新たな研究視点の提示は非常に重要な意味を持つものであったといえよう。

オルテガ思想がどのように日本で受容されたかについて、一九五六年から一九七五年までに期間を限定してその流れを追ってきたが、最後に、この過程で明らかとなった点を要約して本章の結びとしたい。

まず、オルテガが初めて本格的に日本に導入された一九三六年から一九五五年までの流れと一九五六年以降の流れを照らし合わせてみると、大きな変化があることを指摘したい。その変化とは、オルテガ研究が著しい進展を遂げたことである。一九三六年からの二十年間、オルテガ研究の中心となったものは、人物紹介、彼の思想の包括的紹介、そして『現代の課題』や『大衆の反逆』といった、数点に限定された彼の著書の翻訳、及びそれらの紹介であった。しかし、この二十年を経た、一九七五年までの次の二十年間に目を移すと、オルテガ研究はオルテガがもつ、幅広い思想分野の認知にとどまらず、それぞれの分野を対象とする研究が進みはじめた。また、直接的にオルテガ思想を扱う論文以外にも、その名が登場するようになり、多方面においてオルテガ認知が進みはじめた時期であった。同時に、オルテガ著作が次々に日本語へと翻訳され、主要な作品やエッセイなどに日本語で接する環境が整ったのもこの時期のことであった。

次にこの後半の期間のオルテガ研究の特色について指摘しておきたい。

この期間におけるオルテガ研究の最大の特色は、オルテガ思想の幅広さが認知されたことであろう。これは先の二十年にはなかった大きな変化である一方、この先、多くの人々がオルテガ研究へと向かう契機がこの時期から始まったことが明らかとなった。前期間を含め、この期間までに明らかとなったオルテガの分野を挙げてみると、哲学、思想、歴史学、社会学、教育論、大学論、芸術論、文学論、倫理学、人間学などがあるが、分類としては粗略であるため、さらなる検討が必要である。

最後にこの期間におけるオルテガ研究の成果について指摘しておく。

まず、研究者たちによる翻訳活動はこの時期の大きな成果である。すでに見たとおり、この時期の研究者たちの尽力によって、オルテガの主要作品は日本語で接することが可能となった。これはその後の人々の間にオルテガの名が広まっていくためには、欠かせない要件である。また、前期間の二十年がオルテガの名を広めることに費やされたのに対し、この期間はオルテガ思想への研究が本格的に開始され、進展した二十年であったといえよう。すでに述べたとおり、オルテガ思想の幅広さが人々に認知されたが、それは同時にオルテガ思想の外枠が限定され、内部となるそれぞれの分野へと視点が移り始める段階に差しかかったともいえる。ひとつひとつの分野の深さを探る研究はその後の研究に委ねられることになる。

注

（1）書名の邦訳に関してはいくつかの表記があるが、本論では現在において最も一般的となっている、「大衆の反逆」を用いる。

(2) 池島重信訳『現代の課題』、二頁。
(3) 樺俊雄訳『大衆の蜂起』、二五五頁。
(4) 桑木厳翼の「西班牙の思想家ホセ・オルテガ・イ・ガッセット」くらいであろう。
(5) 原佑「ホセ・オルテーガ・イ・ガセットの思想」。
(6) しかし認知とは言っても原自身、「オルテーガが形成した思想を、全面的とは言わず、たとえ重点的にせよ展開してみせるということには、様々な困難がともなうであろう」と述べ、オルテガ思想の広さと体系の欠如をその理由に挙げている。こうした理由からか、哲学会の会誌でオルテガが扱われることは現時点まで、この一度だけである。
(7) 奥村家造「Critique of Vital Reason の一側面」。
(8) マタイス、A「初期オルテガ哲学の形成――フリアン・マリアスの新刊書『オルテガ 一・環境と使命』をめぐって」。
(9) マタイス、A『ウナムーノ、オルテガの研究』、二三三頁。
(10) 大谷恵教「政治理論の基礎としての〝人間性〟論（試論その二）」。
(11) 遠藤恒雄「ベラスケス初期作品の一考察――ボデゴネス絵画の意義」。
(12) 千代田謙「歴史主義の三途――クローチェ・ホイジンガ・オルテガ」。
(13) 宮澤康人「アメリカ教育史像の再構成に向って――六十年代・七十年代アメリカの教育史研究」。
(14) 同上、八―九頁。
(15) マタイス、A「オルテガの大学論に就いて（特集・大学論）」。
(16) 桑木厳翼「西班牙の思想家ホセ・オルテガ・イ・ガッセット」。

(17) マタイス、A『ウナムーノ、オルテガ往復書簡』、二二九頁。

(18) 同上、二二九頁。

参考文献

千代田謙「歴史主義の三途――クローチェ・ホイジンガ・オルテガ」『広島商大論集』法文編一三(二)、一九七三年、一―六〇頁

遠藤恒雄「ベラスケス初期作品の一考察――ボデゴネス絵画の意義」『美學』二一(二)、一九七〇年、二一―四七頁

原佑「ホセ・オルテーガ・イ・ガセットの思想」『哲学雑誌』七一(七三二)、一九五六年、一―二六頁

オルテガ、J、池島重信訳『現代の課題』刀江書院、一九三七年

――(樺俊雄訳)『大衆の蜂起』東京創元社、一九五三年

桑木厳翼「西班牙の思想家ホセ・オルテガ・イ・ガッセット」『丁酉倫理会倫理講演集』四〇三、一九三六年、四五―六四頁

マタイス、A、神吉敬三訳「初期オルテガ哲学の形成――フリアン・マリアスの新刊書『オルテガ 一・環境と使命』をめぐって」『ソフィア』一一(二)、一九六二年、一六九―一七九頁

――「オルテガの大学論に就いて(特集・大学論)」『実存主義』四七、以文社、一九六九年、四七―五五頁

マタイス、A/マシア、J編、佐々木孝他訳『ウナムーノ、オルテガ往復書簡』以文社、一九七四年

マタイス、A/マシア、J著『ウナムーノ、オルテガの研究』以文社、一九七五年

宮澤康人「アメリカ教育史像の再構成に向って――六十年代・七十年代アメリカの教育史研究」『東京大学教育学部

紀要』一四、一九七五年、一―一七頁
奥村家造「Critique of Vital Reason の一側面」『立命館文學』一四四、一九五七年、三六〇―三七六頁
大谷恵教「民主政治の精神的条件と〝公共の哲学〟」『早稲田社會科學研究』一五、一九七六年、二七―五三頁

第三章　オルテガ思想の受容過程と導入の再考

本章では、オルテガの多岐にわたる著作物のうち、一九三三年から一九七五年までの期間に発表されたものを対象として、日本におけるオルテガ思想の受容について、その要因と特質に迫ることを目的としている。すでに第一章、第二章において、一九三六年から一九七五年までの期間については、オルテガ思想受容の流れについて検討を加えてきたが、本章では新たにオルテガ思想が導入されてからの期間を四つに分ける試みを行い、最初の二つの期間について先の検討を基にその要因と特質を浮き彫りとすべく考察を行う。また、その際、オルテガ思想導入の出発点についても新たな資料の分析によって得られた事実を加える（第一章、第二章では一九三六年を起点としたが、本章ではそれを一九三三年に更新する）。こうした一連の検討により、一九七五年までの日本におけるオルテガ思想の受容について、その考察に一応の区切りを付けることができるものと考える。

その考察を進める前に、いささか長くなるが、日本におけるオルテガ研究の出発点に関する新しい資料の検討を行っておきたい。

1 日本における思想導入の再考

日本におけるオルテガ研究の出発は、長い間、一九三六年に桑木厳翼がオルテガの名を「西班牙の思想家ホセ・オルテガ・イ・ガッセット」と題する論文によって紹介したところに端を発すると思われてきた。筆者もこれまではこの論文がオルテガ導入の出発点と考え、拙稿にて検討を行っている。しかし、さらなる資料の分析を進めた結果、これは事実と異なることが明らかとなった。第一期オルテガ思想受容について、その特質を浮き彫りとする検討を行う前に、まずはこの点について整理しておきたい。

一九九一年、立命館大学の教員であった奥村家造[2]は同大学の「土曜講座」における講演内容を論文としてまとめ、公刊している。その中で奥村は、日本におけるオルテガ受容の出発点として片山敏彦の論文を、そして最初の翻訳として三好達治の翻訳を取り上げている。[3]では実際にそれぞれの内容について簡単にふれ、その妥当性について確認しておく。

日本における最初のオルテガに関する論文である片山の論文は、「……（オルテガ）は、数年来数多くの批判的エッセイや哲学的論文によってこの時代の西欧の最も重要な思想家の一人であることを証拠立てた」[4]、という書き出しで始まり、次いで、他者の引用をもってオルテガの紹介がささやかに行われている。その後、オルテガの『現代の課題』において展開されている「世代の概念」について考察を始め、「生の哲学」へと論を進めた。このように、片山の論文は思想家オルテガについての紹介を主としたものではなく、オルテガの哲学に的を絞ったものとなっている。この後に登場する多くの論文、研究書が未だ日本では無名のオルテガについて、その紹介にかなりの労力を費やしたことを考えると、この時期においては珍しい型の論文と言える。また、この時期に発表された論文、研究書の多くには、先の人物紹介に加え、筆者のオルテガに対する心証が述べられていることが多い。だが、この点についても片山の論文は異なっており、彼自身がオルテガに対してどのような印象を持っていたのか、なぜオルテガについて論文を書き記したのか、等については明らかになっていない。

以上、片山の論文についてその内容の確認と同時期の論文、研究書等との簡単な比較を行ってきた。結論として、奥村の指摘のとおり、片山の論文は間違いなくオルテガの哲学を扱った日本で最初に著された論文であることが確認されたため、今後は一九三三年を日本におけるオルテガ思想受容の出発点としたい。

続いて、日本における最初のオルテガ著作の翻訳となる、三好の翻訳についても簡単にふれておきたい。三好が翻訳した「額縁」は数頁のエッセイである。翻訳面での日本への最初の導入がエッセイであったことは数限りないエッセイを書き残したオルテガからすればさして不思議ではない。片山の論文と同様、三好の翻訳も長きにわたり、埋もれたものとなってきた。これまで日本における最初のオルテガ著作の翻訳は池島が『現代の課題』を翻訳した、一九三三年であると考えられてきたが、今回の奥村の指摘により、一九三七年へと修正が必要となった。また、先の『現代の課題』の翻訳において、池島が翻訳者としてオルテガについて紹介、ならびにオルテガを翻訳した動機について述べているのに対し、この三好の翻訳にはそれらが欠如しており、三好が翻訳に至った真意を知る手がかりが絶たれてしまっている。この点も片山と同じく、残念というほかない。三好の翻訳がエッセイではなく、池島と同じように訳者あとがきを付せる、一冊の書物であれば、日本におけるオルテガ思想受容に新たな一面を加えることが可能となったかもしれない。

2 思想受容の四期間

一九三三年にオルテガ思想が日本に導入されて以降、現在に至るまで彼の思想を対象とした著作、論文、そして雑誌記事等は数多く公表されてきた。また、それらが対象とした学問領域も哲学や社会思想に限ることなく、多岐にわたっている。このような現状を踏まえながら、丹念に資料の分析を進めていくことによって、我が国におけるオルテガ思想受容の要因に迫ることが可能となるだろう。こうした考えの下、これまで分析を進めてきたが作業が進むにつれ、ある程度の期間分けの必要性を感じるようになった。なぜならば、一九三三年以降から現在までという期間には、戦前、敗戦後の混乱、そして社会体制の変化など、社会環境、学問環境に大きな影響を与えた出来事がいくつも含まれており、オルテガ思想の受容にもそうした出来事が深く関係していることが確認できたためである。

以下、一九三三年から現在までをそれぞれ節目となる年数を軸にして四つの期間に分け、各期間について簡単な説明を付す。

第一期（一九三三年〜一九五五年）

日本におけるオルテガ導入の年から、オルテガがその生涯を終える一九五五年までの期間。『大衆の反逆』の発刊がこの期間に含まれる。太平洋戦争、敗戦後の混乱など、学問を取り巻く社会環境は厳しいものであったが、こうしたこの期特有の状況が一部の知識人たちをオルテガ思想受容へと向かわせたことが確認できる。

第二期（一九五六年〜一九七五年）

オルテガが他界した翌年からマタイスが『ウナムーノ、オルテガ研究』を著した一九七五年までの期間。この期間では、オルテガの幅広い思想分野のそれぞれに光が当たり始め、オルテガ思想の受容が大きく進展した。また、白水社から刊行された邦訳『オルテガ著作集』の登場は、あらゆる分野の人々にオルテガの思想にふれる機会を与えた。

第三期（一九七六年〜一九九二年）

第二期の継続となる一九七六年から、「スペインイヤー」[1]と言われた一九九二年までの期間。前期と同様、引き続きオルテガ研究は進展を見せるが、特に一九九二年に至るまでの数年間は過去、類を見ないほどの論文、著書、雑誌記事などが公表され、一般社会においてだけではなく、学術の領域においても大きな盛り上がりを感じる期間となった。

第四期（一九九三年〜現在）

一九九三年から現在に至るまでのこの期間には、世紀末、新世紀が含まれるため、二十世紀を概観する上でオルテガの大衆社会論が取り上げられるなど、他の期間にはない時間的な特色がある。

では上記の区分に従い、第一期と第二期の各期間におけるオルテガ思想の受容について考察を進めていく。

3 第一期思想受容

奥村の指摘によって明らかとなった片山の論文と三好の翻訳について検討を行った結果、オルテガ思想受容の開始は一九三三年と断定された。ここからは、この一九三三年からオルテガが他界する一九五五年までの期間を第一期と定義し、オルテガ思想受容の要因、ならびにこの期間の特質について考察を進めていく。

片山の論文から三年後、オルテガの紹介を意図した桑木の論文が登場し、初期オルテガ研究の中心人物である池島へとつながっていった。こうして少しずつではあるが、着実にこのスペインの思想家についての出版物は数を伸ばしていった。とは言ってもオルテガが他界する、一九五五年までの期間、彼の哲学、思想面について研究する人々はまだほんのわずかであった。だが、前にもふれたように、この時期のオルテガ研究者は、まだ当時は無名であったオルテガの紹介に加え、自らがオルテガに接近するようになった契機について、それぞれの出版物で述べていることが多い。そのため、総体数は少ないながらも、個々の心証を丹念に検討することは可能である。では、そうした初期オルテガ研究を推進した人々の資料分析[5]により導き出された受容の要因について、以下の三点を提示する。

第一は、オルテガがドイツで著名な哲学者、思想家としてその名が広まっていたことに強い関心を覚えたことである。日本ではまだ研究が始まったばかりのオルテガであったが、ヨーロッパやアメリカなどではすでにオルテガ哲学について幅広い議論が展開されていた。とりわけ、オルテガが数度の留学を通して、後のオルテガ哲学へとつながる思想基盤を固めたドイツでは、オルテガはスペインの哲学者という位置付けではなく、ヨーロッパの哲学者としてその地位を確立していた。ドイツ哲学が最も重要視されていた当時の日本の学問状況から考えれば、オルテガがドイツで受け入れられている事実こそが日本に導入される上で、最も重要な要因となったのである。

第二は、オルテガが持っていた思想の広がりや文章表現に引きつけられたことである。オルテガは一つの分野に深い見識を示し、論じたのではなく、多分野についてその知性をいかんなく発揮した。その際、常に基底には彼独自の哲学があったために、評論家としてではなく、思想家、哲学者として人々を魅了したのである。初期オルテガ研究の第一人者であった池島重信は、オルテガが芸術、歴史、心理学などの学問分野に加えて、東洋を含めた各国の文化についても他の追随を許さない次元での理解を持っていたと述べている。(6)だが、こうした思想の広がりも表現手段が乏しくては人々に伝達されることなく、埋もれてしまいかねない。その意味でオルテガが卓越した文章表現能力をも併せ持っていたことは彼の思想を広める上で非常に重要な要素であった。また、オルテガが努めて平易な文章を書いた点も忘れてはならない。なぜなら、オルテガの著作は一部の研究者たちに向けてのみ著されたものではなく、広く一般の人々に向けられたものであったか(7)らである。

そして、第三はオルテガが行ったヨーロッパやアメリカなどへの社会批判に日本の研究者たちが共感した点である。オルテガが行った社会批判として、最も代表的なものは彼の主著である、『大衆の反逆』(8)における大衆批判、そして大衆が闊歩する社会への批判である。とりわけ、大衆への批判は強烈に展開されており、また、その対極としてエリートの存在が定義されているために、単なる貴族主義として誤解されることも少なくはなかった。しかし、哲学を基底に展開されたその主張は、そうした誤解を超えて多くの言語に翻訳され、急速に広まっていった。日本でもドイツ語翻訳版を通してオルテガ思想を研究する人々も現れる一方、一九五三年には日本語翻訳版が刊行され、これにより日本でも多くの人々がオルテガ思想にふれることが可能となった。そして、ドイツ語翻訳版にせよ、日本語翻訳版にせよ、オルテガの思想にふれた人々は、オルテガの社会分析は何もヨーロッパやアメリカなどに限ったものではなく、日本においても適用されうるものであることに気づかされ、驚き、共感をもったのである。以上のように、オルテガのヨーロッパ、とりわけドイツにおける名声、卓越した文章表現力、そして哲学を土台とした社会分析という三つの要素がオルテガ思想へと人々を引きつけたのである。

次に、この期間の特質について述べておきたい。すでに見てきたように、第一期はオルテガ思想導入の開始時期にあたるため、未だオルテガ研究に携わる者は少なく、また後には見られるような研究領域の広がりもこの段階では限定されたものとなっている。また、敗戦という他の期間には見られない特殊な社会状況は学問環境に暗い影を落とした。だが、こうした状況において、オルテガの思想に少なからぬ影響を受けた知識人の存在が確認できる。そうした中の一人、佐野利勝は混乱した社会状況からいかにして立ち直るかを模索していたのであろう。彼は『大衆の反逆』（佐野の訳書名は「反逆」ではなく「叛逆」）における「訳者あとがき」で次のように述べている。

世人はよく「戦後の混乱」と言うが、それは決して一時的な現象ではなく、その禍根は実に深いところにあることをわれわれは本書によって学び得るだろう。わが国では今日、いたずらに外部からの圧迫に対するレジスタンスの声ばかりが強い。しかし、一民族の生命が容易に外的圧力のみによって奪われ得るものでないことは、歴史がこれを証明している。恐るべきはむしろ内部崩壊であろう。にも拘らず、刻々に内部より崩れつつあるものに対する抵抗の声があまりに希薄なのは何故であるか。しかも、これこそ真に「抵抗」の名に値するものではないか。西欧文明は危機に直面している。しかし、危機のなかにあるのは何も西欧だけではない。そして西欧には、オルテガのような思想の闘士が、少なくともいるのである。この書物の翻訳を思いたったのも、このような自らの反省に資せんがために他ならない(9)。

佐野によれば、戦後の混乱という現象は何も敗戦を契機として突如、表出したものではない。それは深い部分において、時間とともに変化し、積み重なり、表面化したととらえていた。この深い部分における変化が指すものこそ、人々の精神に他ならない。つまり、人々の精神が時間をかけて変質していったために、混乱へと結びついたのであり、戦争がその原因ではないのである。オルテガがヨーロッパが迎えている文化的、社会的危機の根本理由として、人々の精神が危機的状況にあることを挙げたのと同様に、佐野もまた、人々の精神にこそ「危機」が生じているととらえたのである。そして、同様の危機に対峙するオルテガに佐野は知識人としての在り方をみたのである。以上のように、敗戦後の混乱した日本という特殊な社会状況に立ち向かおうとする知識人に、オルテガの影響を確認することができた。これは、この期間の重要な特質である。

4 第二期思想受容

次に、一九五六年から一九七五年までの期間を第二期と定義して、第一期で検討した思想受容の要因を踏まえ、どのように受容が進展したのかについて論を進めていく。また、第一期と同様にこの期間の特質についても取り上げて検討する。

第二期は前期と比べ、学問環境に大幅な改善がみられた結果、オルテガ思想を研究する人々の数は一気に増加した。無論、オルテガの思想に魅力を感じる研究者たちが増加したこともその理由であろうが、敗戦の影響が薄らいだことが一番の要因であろう。そうしたことから、論文、著作そして記事などが数多く公表され、日本におけるオルテガ思想の受容が大きく進展した期間となった。また、第一期で進められたことは、主としてオルテガの人物、思想紹介であった。日本において無名の哲学者、しかもそれがスペイン人であったことからすれば、必然であったと言わざるをえない。しかし第二期に入ると、こうした紹介をまったく行わない論文などが登場するようになる。つまり、オルテガ思想について、直線的に考察していく著作物が主流となるのである。このことはオルテガの認知度に大きな変化があったことを意味している。また、そうした著作物が扱う主題もオルテガ思想が持つ、幅広い分野のひとつひとつを考察対象としたものへと細分化されていくことになる。それらは哲学を始めとして多分野へと広がっていく。だが、こうした認知度の変化、研究の専門化、細分化の進展は当時の研究者たちのオルテガに対する心証を探る可能性を小さいものとしてしまった。こうしたことから、第二期では研究の進展を追うことでその受容の要因の手がかりを探っていくことになる。

それでは第二期のオルテガ思想の受容について、研究面の進展に焦点をあて、最も重要なものをいくつか取り上げる。まず、オルテガが哲学者として認知された点について指摘しておく。すでに、第一期からオルテガを哲学者としてとらえることは珍しいことではなかったが、第二期に入るとオルテガをテーマとした原佑の論文(10)が哲学会の会誌に掲載された。この論文は、哲学者オルテガの存在を日本の哲学研究者たちの間に認知させる大きなきっかけとなった。ドイツ哲学が絶対的な主流派であった日本の哲学界において、スペインの哲学者が登場することは前例のない出来事であった。そのため、この論文は日本のオルテガ研究史において非常に重要な意味を持っている。

次いで、先にみたとおり、この期ではオルテガの哲学についてだけではなく、その他の分野についての研究も進み始めた。それらは例えば、教育学、政治学、社会学、芸術論、文学論そして歴史学などの分野についてである。このように、いろいろな分野においてオルテガの思想をテーマとした論文が現れ始めたことは、オルテガの幅広い思想のひとつひとつに光が当たり始めたことを意味する。そしてそれはまた、第一期とは比べようもない速度で研究が進展することを可能とした。

最後に、この期に登場し、その後のオルテガ研究に多大な功績を残した人物として、アンセルモ・マタイス(11)についてもふれなくてはならないだろう。日本語が堪能であったマタイスはオルテガに関する論文、著書を日本語で著した。しかも、その内容はスペインでの最新の研究を基にしたものでもあったため、日本のオルテガ研究の水準を一気に引き上げることになった。また、彼が次の世代のオルテガ研究者たちを育てたことも日本のオルテガ研究にとって、見逃せない貢献である。[12] マタイスはこの期間（第二期）の中心的な研究者であるが、おそらく全期間を通じて、最も日本のオルテガ研究の発展に貢献した研究者であったといえよう。

さて、オルテガ思想受容の進展について取り上げてきたが、最後にこの期の特質について取り上げておきたい。すでにみてきたように、受容の進展こそがこの期を貫くキーワードであった。そのため、第二期において遂げられた顕著な進展をこの期の特質として提示する。まずは、この期間において初めて見られるオルテガの評価を巡るふたつの異なる立場について取り上げておきたい。第一期のオルテガ研究は、実際には研究段階にまでは進展しておらず、主としてオルテガの紹介が中心的な動きであった。そのため、オルテガの評価については好意的なもので占められていた。しかしこれまで見てきたように、本格的な研究が進み始めた第二期では、オルテガの思想面について懐疑的な評価を持つ研究者も現れた。それは先に取り上げた原である。彼は先の論文の書き出しにおいて、「オルテーガの形成した思想を、全面的とは言わず、たとえ重点的にせよ展開してみせるということには、様々の困難がともなうであろう[13]」と述べ、その理由として、オルテガが扱う考察対象領域が非常に広いものであるが、「彼はその取扱うすべてのものをおのれの個性的な深みで受けとめ、しかもそれらは、論理的に整合化されて秩序づけられているというより、むしろ微妙な内面的脈絡のうちに保たれながら照応し呼応しあっている[14]」との見解を示している。つまり、原によれば、オルテガの思想は彼独自の個性的な深みを基に組み立てられた思想であるがゆえに、万人が理解するための普遍性が認められず、「そこにはいわゆる体系が欠如している」[15]との結論に至るというのである。しかし、こうした原の見解に対して真正面から対峙するのがマタイスである。先にみたとおり、オルテガ研究の中心人物であるマタイスは、「オルテガの思想は一見してさまざまなテーマについての、多少の差はあれ、直観的な思いつきや考えの集積に見えるが、実は厳密な体系的連関を持っているのである」[16]と述べており、この見解が正しいとすれば、原は表面的に「見える」部分だけを基に誤解したことになる。原がどの程度、オルテガ思想の広がりについて理解していたかは定かではない。しかし、原がこのテーマについてこれ以上の検討を行った形跡がないことから、マタイスが展開した幅広く深いオルテガ研究には及ばなかったと推測するしかない。だが、原の言う通り、オルテガが自らの幅広い思想分野を貫く、はっきりとした体系を提示していれば、オルテガに対するより一層の理解が浸透したのではなかろうか。この意味において、原の指摘は価値ある指摘と言えるかもしれない。第二期において、このように相反する主張を行う研究者が現れ始めたことは第一期にはない特質である。

そしてもう一点、挙げておくならば、オルテガ著作物の翻訳作業が大幅に進展したことであろう。前期には『現代の課題』や『大衆の反逆』といった、オルテガの主著といえる書物にしか翻訳作業が及ばなかったが、第二期では先の主著に加え、細かな随筆に至るまで翻訳が進められた。こうしてオルテガの作品はこの第二期において、一通りの翻訳が完了するのである。そのため、原語では扱うことができなかった人々もこの時期から日本語でオルテガに接することが可能となった。[17]この後、『大衆の反逆』は現在に至るまで幾度かの翻訳の再検討が数人の研究者によって行われたが、残る大部分の作品についてはそうした積極的な翻訳活動が行われることはなかった。そのため、オルテガ著作物の翻訳が最も進められた時期という特質をこの期は有している。また、前期の翻訳者たちがオルテガの著作物をドイツ語から日本語に翻訳したのに対して、この期からスペイン語から翻訳を行うことが主流となった点も特質として付け加えておく。

第一期、第二期と定義してきた、一九三三年から一九七五年までの期間について、オルテガ思想受容の要因と特質を明らかとすべく考察を進めてきたが、最後にこの過程で明らかとなった点について指摘を行い本章の結びとしたい。

まず、これまで日本におけるオルテガ導入の出発点が事実と異なっていた点を挙げておきたい。すでに見たとおり、これまで出発点とされてきた一九三六年から三年早まり、一九三三年をその出発点としてとらえ直すことになった。また、論文だけではなく、最初の翻訳となるエッセイの存在も今回の資料分析の過程で浮かび上がった。今後も資料の分析を進め、さらなる変更の可能性を模索していく。

次に、思想導入の期間を四つに分ける試みについてふれておきたい。オルテガ導入の出発点から現在までの期間を分けるということの試みは、オルテガ思想の受容に社会情勢を関連させてとらえるという視点へとつながった。本章では戦後の混乱時期において、オルテガの思想が日本の知識人に影響を与えたことを確認したが、オルテガが幅広い分野で受け入れられたことに鑑みれば、こうした視点は今後の分析においても重要となってくるだろう。

そして最後に、第一期と第二期ではその性格に大きな違いがあったことを指摘しておきたい。資料の分析を進めた結果、それぞれの期間では資料内容に大きな違いがあったことが明らかとなった。第一期では、各研究者たちのオルテガ思想受容の要因を検討することが可能であったのに対して、第二期では、そうした心証を示す資料が乏しいために、どのように研究が進展したのかについて論を進めざるをえなかった。このため、それぞれの期間ごとに総括を加えるならば、基本的に第一期はオルテガの紹介にあてられた期間であり、続く第二期は彼の思想研究が進展した期間であったと結論付けることができる。

注

(1) スペインイヤーとは、コロンブスの「新大陸」到達、またイスラム勢力から国土を回復した年である一四九二年から五百周年目にあたる一九九二年を指す。この年、スペインではセビリア万博、バルセロナオリンピックが開催され、世界的に大きな注目を浴びた。

(2) 奥村家造。専門は西洋近代思想だが、主としてドイツ哲学に軸を置き、多数の論文、翻訳を残した。一九九一年に広く一般市民に提供される「土曜講座」で、オルテガが講演の題材として取り上げられたことは、まさにスペインイヤーの影響を思わせる。

(3) 奥村家造「ホセ・オルテガ・イ・ガセと二つの雑誌」、一一四頁。

(4) 片山敏彦「生の歸還の一型式――オルテガの智の構造への瞥見」、三九頁。

(5) 拙稿、「日本におけるオルテガ思想の初期受容――その過程と要因に関する一考察」におけるオルテガ思想受容の流れを基に分析を行った。

(6) 池島重信訳『現代の課題』、二頁。

(7) 例えば、オルテガの代表的な著作となった『大衆の反逆』は、元々は新聞の連載として著されたものであった。

これは当時、没落状況にあったスペインの復興を果たすべく、オルテガが取り組んだ社会活動の一つである。彼は人々の知的水準を向上させる以外にスペイン再生の道はない、と考えていたために人々が日常、手に取る新聞を利用したのであった。また、同様の志は雑誌『傍観者』にもみることができる。同誌については、西澤龍生訳、『傍観者』の「訳者あとがき」を参照されたい。

(8)『大衆の反逆』(*La rebelión de las masas*)という書名については、訳者によっていくつかの表記が存在するが、本論では現在において最も一般的となっている、「大衆の反逆」を用いている。

(9)佐野利勝訳『大衆の叛逆』、二六九—二七〇頁。

(10)原佑「ホセ・オルテーガ・イ・ガセットの思想」。

(11)スペイン、マドリード出身。イエズス会司祭として奉仕する傍ら、上智大学で教鞭をとった。『ウナムーノ、オルテガ研究』をはじめとしてオルテガに関する論文、著書を多数、著した。

(12)後にオルテガ研究者となる佐々木孝などが挙げられる。

(13)原、前掲、二頁。

(14)同上。

(15)同上。

(16)マタイス、A/マシア、J著『ウナムーノ、オルテガの研究』、二三三頁。

(17)奥村は先の論文の中で、「そして何よりも喜ばしい出来事は、一九六九年から翌年にかけて、邦訳『オルテガ著作集』が刊行されたことでありました。これでオルテガについて関心を寄せている人たちに、その思想に近付く門戸が大きく開かれたのでありました。少なくとも、私は、その恩恵に浴した一人であります」(一一九頁)とその意義を述べている。

参考文献

原佑「ホセ・オルテーガ・イ・ガセットの思想」『哲学雑誌』七一（七三二）、一九五六年、一―二六頁
オルテガ、J、三好達治訳「額縁」『思想』一三五、一九三三年、五〇―五七頁
――、池島重信訳『現代の課題』刀江書院、一九三七年
――、佐野利勝訳『大衆の叛逆』筑摩書房、一九五三年
――、西澤龍生訳『傍観者』筑摩書房、一九七三年
片山敏彦「生の歸還の一型式――オルテガの智の構造への瞥見」『思想』一三五、一九三三年、三九―四九頁
木下智統「日本におけるオルテガ思想の初期受容――その過程と要因に関する一考察」『金城学院大学論集』社会科学編九（一）、二〇一二年、一三〇―一三九頁
――「日本におけるオルテガ研究の進展」『金城学院大学論集』社会科学編九（二）、二〇一三年、九四―一〇一頁
桑木厳翼「西班牙の思想家ホセ・オルテガ・イ・ガッセット」『丁酉倫理会倫理講演集』四〇三、一九三六年、四五―六四頁
マタイス、A／マシア、J著『ウナムーノ、オルテガの研究』以文社、一九七五年
奥村家造「ホセ・オルテガ・イ・ガセと二つの雑誌」『立命館言語文化研究』三（一）、一九九一年、一〇一―一三一頁

第四章

社会学とオルテガ

一九三三年、日本にオルテガの思想が導入されて以降、現在に至るまで、研究書、研究論文等が発表され、今なお研究が進められている。その内容は哲学、思想の分野のみならず、多岐にわたっており、オルテガ思想の幅広さを裏付けるものとなっている。

こうした長きにわたるオルテガ研究期間についてその分析を進めるため、前章では、四つの期間に区切って分析を進めた。

本章では、考察対象とするオルテガ研究期間は、第三期（一九七六年～一九九二年）である。この第三期では、オルテガ研究は、質、量ともに大きな発展を見せ、他の期間にはない展開と特質が認められた。こうしたことから、まず第三期について、学問分野別にオルテガ思想がどのように受容されたかを検討する。続いて、そこから特筆すべき展開と特質が認められる、社会学の分野について、社会学者のオルテガ思想の受容に迫る。

本章では、オルテガ本来の学問分野とは異なる、社会学の分野において、どのようにオルテガ思想が受け入れられ、どのように定着していったか、こうした点を浮き彫りとすることを目的としている。

1 第三期思想受容

先に挙げたオルテガ思想受容の四期間のうち、ここからは第三期（一九七六年～一九九二年）におけるオルテガの幅広い思想分野に焦点を合わせ、それらの展開と特質について分析を行う。まずは第三期について、その期間設定の基準を明確にしておく。

一九七六年から始まる第三期オルテガ研究の期間については、先の二つの期間とは違い、二十年間を一つの区切りとはせず、一九九二年をもって区切りとした。それまでの研究期間の区分について振り返ると、第一期は初めてのオルテガ思想導入から彼が他界するまでの二十年間を一つの期間として設定し、続く第二期も同様の年月での動きを比較するためにこれに倣った。こうしたことから、第三期の区分についても同様の年月の中でいかなる研究史が積み重ねられたのかを比較検討するためには、二十年間という同年数で一区切りとすることが望ましいと思われた。しかし、資料の調査を進めていくと、一九七六年から一九九二年までに刊行された論文、研究書、翻訳そして雑誌記事等は、他の全期間と比較しても突出した増加傾向を見せていることが明らかとなった。その数は、日本においてオルテガ思想が受容され始めた一九三三年から現在までの期間に刊行されたもののおよそ三分の一[(1)]にあたる。

だが、このことは日本におけるオルテガ研究が成熟してきたことだけをその理由とせず、先に第三章で挙げた、スペインイヤーという、それまでに前例を見ない特殊な外部要因が影響した結果ととらえるべきであろう。そこで第三期はこのスペインイヤーを期間の区切りとし、この外部要因が影響を見せなくなる翌年以降を第四期と設定することとした。以上から、第三期までの各期間について極めて簡素にまとめるならば、第一期はオルテガの導入期であり、続く第二期はオルテガ思想の導入と各方面における検討が開始された期間である。こうした内部における静的な動きで進展した時期に対し、続く第三期はスペインイヤーという外的要因によって研究の進展が促された期間であった。

では、第三期オルテガ研究期間において発行された、論文、研究書、翻訳、そして記事等について、オルテガの幅広い思想分野の中から特筆すべきものを取り上げ、この期間の展開と特質について浮き彫りとしたい。

まず取り上げるのは、第三期においてオルテガ研究の「深化」が認められる二つの分野、哲学とオルテガ著作の翻訳についてである。

オルテガの主たる学問領域である哲学の分野では、目覚ましい深化が認められる。それは、この期間に刊行されたオルテガ関連の論文や研究書等の数からまずは窺い知ることができよう。第二期における同分野の刊行物と第三期の刊行物とを比較すると、三倍以上の数の刊行物が第三期において確認できる。また、同様に、数に注目して見るならば、研究者の数の増加も忘れてはならない。第二期がアンセルモ・マタイスを始めとした、少数の研究者たちによって進められていたのに対して、第三期では研究者たちの数も刊行物と同じく、大幅に増加した。そして、目覚ましい深化は扱われる哲学的テーマの細分化からも見てとれる。第二期までの主要なテーマはオルテガ哲学の最も基本的なテーマである、「生・理性主義」について検討するものがその中心を占めた。これに対し、第三期ではもはや基本的なテーマを単独で扱うものは存在せず、オルテガ研究が次の段階へと進んだことが理解される。

こうして目覚ましい深化が認められる哲学の分野であるが、最後に、この期間において特に重要な意味を持つ書を挙げておきたい。それは色摩力夫の『オルテガ』である。同書はその副題を「現代文明論の先駆者」と表記しているように、オルテガの文明論を扱っている。だが、色摩が「オルテガの文明論の論点には、すべて独特の哲学的根拠が用意されている(2)」と述べているとおり、オルテガの文明論はオルテガの生の哲学を基にして組み立てられた、いわば、オルテガ自身の思想的深化としての文明論である。こうした彼の文明論へとオルテガ研究が進んだこと自体、まさにオルテガ研究の深化が認められることに他ならない。

続いて、オルテガ著作の翻訳における深化についても検討しておく。

オルテガの主要な著作は第二期において、すでに『オルテガ著作集』として刊行されている。そのため、第三期の段階では、それまでとは違い、盛んな翻訳活動はもはや確認できない。しかしながら、主要な、という言葉が意味するとおり、すべての著作が翻訳されたわけではなかった。そうした、『オルテガ著作集』に収められなかった著作について翻訳を進め、オルテガ研究のさらなる土壌作りに貢献した研究者に、西澤龍生がいる。彼はオルテガに匹敵する表現力を駆使して、オルテガの作品のそれぞれが持っていた幅と深みを余すところなく流麗な日本語で翻訳した。この点は、明らかに他の翻訳者たちと一線を画すものである。なお、彼は第二期における『反文明的考察』[3]の翻訳から、第三期、第四期、と長きにわたり翻訳活動に従事してきたが、オルテガ著作の翻訳における深化、という面でとらえるならば、先の著作集が刊行された後の第三期以降の翻訳活動がそれに当たるため、この期で取り上げておく。

次に、上記までに検討した「深化」に至る前段階、つまり「進展」があった、と認められる分野について取り上げる。それらは教育学と社会学である。なお、社会学の分野については後に検討を行うため、ここでは進展があったことを指摘するに止める。

教育学の分野におけるオルテガ研究の起点はオルテガの『大学の使命』に求められる。文字通り、大学論を扱った同書では、専門化傾向を強める大学教育の現状に対して、一般教育の意味とその重要性が説かれている。第二期オルテガ研究期間の段階において、この理論は日本へと導入され、その後の第三期では、今村温之が、オルテガの大学論は生の哲学、世代論、そして歴史主義の考察を通して構成された理論的体系を有したものであることを分析した[4]ように、教育学の分野においてオルテガ研究が進展を見せるようになった。

続いて、この期間に初めてオルテガ思想が「受容」された分野についても検討しておく。

第三期において、オルテガ思想が初めて受容された分野として代表的なものに、経済学が挙げられる。とは言っても、その内容は経済学者によるオルテガへの接近とみる方が正しいだろう。なぜなら、経済学の分野でオルテガが論じられたわけではなかったためである。経済学者とオルテガを結びつけたもの、それはオルテガが『大衆の反逆』で展開した大衆論であった。こうした経済学者の一人に、オルテガ研究者として名高い西部邁がいる。彼がそれまでのエッセイや記事等をまとめ、『大衆への反逆』との題で発刊したところにもオルテガの影響を感じさせるが、オルテガに共感する理由もこの中で述べられている[5]。西部によるオルテガ大衆理論の積極的受容と止揚については、別に章を改めて分析を行う。

また、オルテガの司書論も第三期において初めて受容された分野である。この分野については情報社会での司書の役割について論じた田中久徳の論文[6]を取り上げておきたい。

田中は「アメリカ図書館界でのオルテガ論争を紹介し、情報専門職についての考察の一助としたい[7]」、と述べているとおり、オルテガが提起した司書のあるべき姿について、アメリカでどのような検討が行われていたかを順を追って考察している。このように、田中の論文は第三期において、オルテガの司書論が受容されたことを確認する、という意味と他国におけるオルテガ研究がどのように進展したかを探る資料、という二つの観点から貴重な論文であると言える。

最後に、二十世紀を概観する上でオルテガが取り上げられた事例について指摘して本節を終えることにする。

世紀をまたぐ段階になると去りゆく百年の総括が行われることは過去の資料が示すとおりである。二十世紀末が目前となってきた第三期の終盤には、「二十世紀の十冊」[8]と題する特集が『文藝春秋』で組まれ、二人の研究者と一人の評論家がそれぞれ二十世紀を代表する書を十冊選択した。この中でオルテガの『大衆の反逆』は、三者に共通して選ばれた。オルテガが日本に導入されてから約六十年、日本においてもその存在がようやく認知されたことを示す特集ではなかっただろうか。

2 社会学における定着

第三期においてオルテガの思想が多分野に及び、またそれぞれの分野において深化が見られたことを先に確認した。そうした幅広い分野に及んだオルテガ思想のうち、社会学の分野はその受容が特に進んだ分野のひとつである。その要因はオルテガの主著『大衆の反逆』に求められるだろう。オルテガは、社会を構成する二つの要素として大衆と少数者の概念を提示し、それぞれについて考察を展開した後、先の大衆とは異なる、新たな人間のタイプとしての「大衆」の概念を生み出した。大衆、少数者、そして新しいタイプの「大衆」が台頭する社会について、オルテガの生・理性哲学を基に丹念な分析を行った。

哲学を基にした大衆論、大衆社会論が展開された同書は、時間とともにその是非を巡って哲学者のみならず、社会学者をも議論の場へと導いた。そして、その足跡として、社会学者たちによる数多くの研究論文、研究書が残されたのである。このように第三期においては、社会学者たちによるオルテガ思想への接近が本格化する。つまり、「社会学におけるオルテガ」が定着していくのである。

しかし、そうした傾向はいつからどのようにして始まったのだろうか。ここではこうした社会学の分野での認知と定着化までの展開について、高橋徹をはじめとする社会学者たちを通して考察を行う。

一九七九年に発行された『世界の名著〈五六〉マンハイム・オルテガ』は、第三期に発行されたオルテガ関連の書物のうち、特に重要な意味を持つ。同書は、社会学者、高橋徹による解説、マンハイムの「イデオロギーとユートピア」、そしてオルテガの「大衆の反逆」によって構成されている。マンハイムとオルテガを結びつけているものはエリート主義的性格の強い大衆社会論という接点である。[9]

ここで重要なことは解説の高橋をはじめ、マンハイムとオルテガを結びつけた、編集委員の尾高邦雄、そして付録と名の付く、小冊子にて両者の紹介を行った山口節郎に至るまでの全員が社会学者であったという点である。つまり、誰もオルテガの本来的な学問領域である哲学の専門家でもなければ、オルテガ研究者でもなかった。高橋[10]と山口[11]の両者が述べているように、彼らは自分たちにオルテガを解説する資格がないことを十分に認識していた。オルテガを解説するならば、彼の哲学についてふれなくてはならないことを理解していたのである。にもかかわらず、彼らが書物の出版を行い[12]、オルテガについて解説を行ったことは社会学の分野においても、オルテガが十分に認知されていたことを示している。解説において、社会学者であるマンハイムとの関連性が詳細に述べられていること[13]からも社会学におけるオルテガの妥当性は疑いようのないものとなっている。

次に、高橋が行ったオルテガ解説から、社会学におけるオルテガについてさらなる検討を加えていきたい。しかし、まずは高橋がオルテガという人物をどのようにとらえていたかについて見てみよう。

高橋は、オルテガの哲学者、思想家としての面に加え、オルテガを道徳哲学者ともとらえていた[14]ことから、多方面にわたるオルテガの思想のそれぞれに高い専門性を見出していたと見るのが適切であろう。しかしながら、オルテガの学者としての気風については、受け入れがたい面があった。こうしたオルテガへの評価については次の記述にまとめられている。

　無用な修飾をいっさいとりはらい、理念を形而上学的詩に近い形式にくるんで提示する文体、具体的な描写のなかにふんだんにちりばめられている深い含意を秘めた隠喩の使用、マラガの闘牛からアインシュタインの相対性理論にいたるまでの論評範囲の幅の広さ、それに、つねにその人格の深層で問題を受けとめ、論理的斉合性よりも、その問題に立ち向かう自己の誠実性をにじみださせているような書きぶり。一言でいって、硬質の知性が示す「精神の貴族性」が軟弱な私の「大衆化した知性」のまえにたちはだかるのである。救いようのない卑小感と、偉大なものにたいするよこしまな憎悪のなかで悶死するよりも、敬して遠ざけるにしかず。[15]

高橋は、オルテガが日本において受容された初期から常に評価されてきた、卓越した文才と幅広い思想を評価する一方、オルテガが持つ貴族的な姿勢、つまりはエリート主義と高橋が理解するものについて好感を持てなかったようである。ただし、すべてのエリート主義者に対して、同じ感情を持っていたわけではない。彼はモスカ、ミヘルス、パレート、そしてオルテガを「エリート主義的大衆観」という一つの枠組みでとらえ、批判的な態度で臨んだ。だが、モスカ、ミヘルス、パレートには違和感を覚えなかったのに対して、オルテガだけには強烈な違和感を覚えたと述べている。[16] それではこの違和感とは一体、何であろうか。高橋はそれが何なのかについては具体的に述べていないが、その手がかりは「解説」を書くために、オルテガについて苦学を重ねた後にたどり着いた、彼の心境を述べた部分に見出すことができる。

そして、気がついたことは、オルテガが、「私は、私と私の環境である」という命題を、生涯をかけて「哲学した」人であったということだった。（中略）

自己にたいして多少気恥ずかしくはあったが、よそよそしさのなかにあったオルテガが、感動のなかに漂う想いだった。と同時に、「私は、私と私の環境である」という、社会学の中心命題の完全理解を通してはじめて、主著『大衆の反逆』にたどりつけるのだということがわかった。[17]

こうして高橋は、オルテガが生涯、貫き通した彼の命題の理解なくして、『大衆の反逆』で展開されている大衆論を理解することは不可能である、との結論に至る。そしてこの思いから、彼はオルテガの命題の理解へとその歩みを踏みだすのである。

オルテガの命題を完全に理解するために、高橋はまず、命題を生成、発展、完成という段階別に分け、順を追って検討を加えた。哲学者、オルテガが生涯持ち続けた命題への接近、言い換えれば、それはオルテガ哲学への接近に他ならない。しかしながら高橋はオルテガの命題を「社会学の中心命題」としてとらえているように、オルテガの哲学と真正面から向き合いながらも、オルテガにおける社会学的な側面を見ていた。同様のことは、オルテガへの理解を試みる最初の段階において、「オルテガの社会学[18]」という言葉が使われているところにも表れている。おそらく高橋は当初、哲学の領域におけるオルテガにまったく興味を持っておらず、社会学の領域におけるオルテガを何とか見出そうとしたのではないだろうか。こうした思いが「オルテガの社会学」という言葉や、「社会学の中心命題」という表現につながったのであろう。しかしながら、オルテガの哲学を理解する必要性を感じたために、哲学の領域におけるオルテガへと主眼を移したと思われる。つまり、オルテガ理解の観点を社会学的観点のみに求める段階から哲学的観点を中心としながらも、社会学的観点を合わせ持つ段階へと移っていくのである。オルテガ理解への長い闘いは、オルテガの学問的気風に嫌気を感じながら、哲学的理解と社会学的理解を繰り返しながら進められていったものであろう。こうして高橋は、最終的に両方の観点を合わせ持つ、「社会哲学[19]」という言葉をもってオルテガの学問領域を集約する。これこそが高橋が苦学の末にたどり着いたオルテガの命題への理解であり、『大衆の反逆』を完全に理解する前提となるものであった。

こうして高橋の関わりを通して、『世界の名著　マンハイム・オルテガ』は社会学の分野にオルテガを定着させたという点で大きな意味を持つ。そしてここから『大衆の反逆』自体も哲学の書ではなく、社会学の書としての評価を受ける向きが定着し、社会学の分野でもオルテガ研究が進展するのである。つまり、社会学の分野におけるオルテガの定着と進展である。だが、高橋が社会学的な観点のみに執着しなかったことも忘れてはならない。この段階ではオルテガの哲学は取り去られておらず、むしろ高橋が示したように重要な意味を持つものであった。

3 社会学における一般化へ

高橋とともに社会学におけるオルテガに着目した研究者に藤竹暁がいる。高橋がオルテガの哲学的部分と向き合いながらも、社会学的部分を浮き彫りにしようと試みたのとは対照的に、藤竹はまったくと言っていいほどオルテガの哲学にふれることなく、『大衆の反逆』について社会学的見地から分析を行った。高橋が社会学におけるオルテガ思想の定着の契機となったとすれば、藤竹はオルテガの名を社会学の分野において一般化させたことになるだろう。なぜなら、藤竹はオルテガの哲学を省いた、社会学の分野でのオルテガ研究の可能性を提示したためである。では、藤竹が行った、オルテガ哲学を排した形でのオルテガ思想の分析とはいかなるものか。

藤竹は大衆と大衆の心理について研究を行っていた社会学者である。『大衆政治の社会学』はそんな彼がいくつかの雑誌で連載したものを編集、出版したものであった。連載の当初の目的は「現代社会を彩る大衆的で、大量的な現象の根底に潜む、一方では孤独を恐れ、密集を厭いつつ、にもかかわらず孤独を求め、密集に身を浸す大衆心理をえがくこと[20]」であった。こうした目的において、藤竹はギュスターヴ・ル・ボンを中心に幾人かの学者、思想家を取り上げ、彼らが大衆についてどのように考察したかを丹念に検討した。オルテガはそうした中の一人として検討の対象に加えられていた。『大衆の反逆』が出版当初から世界的な評価を得ていたことを考えれば特に不思議ではない。

さて、先述したように藤竹はオルテガの哲学領域には興味を示さない。藤竹の興味はあくまでも大衆という概念、存在に向けられていた。このため、彼はオルテガの著作のうちでも大衆について最も分析がなされたものである、『大衆の反逆』についてのみ考察の対象とするのである。

藤竹の考察は大きく分けて、次の三つの展開に分けられる。まずは、『大衆の反逆』に至るまでの系譜をル・ボンに求め、次にオルテガの大衆論を他の学者、思想家たちとの関わりから論じ、そして最後にオルテガのエリート論を他の学者、思想家たちと比較して、その独自性に迫るのである。では、藤竹の考察を三つの展開に沿って見てみよう。

藤竹はまず、『大衆の反逆』への系譜について検討を行う。藤竹によれば、『大衆の反逆』はル・ボンの『群衆の心理』の延長線上にあるものとしてとらえられる[21]。つまり、大衆論、大衆社会論の系譜はル・ボンからオルテガへと受け継がれたと考えていた。しかしながら、両者においては大衆、群衆をとらえる視点において違いが認められる[22]。また、ル・ボンが大衆をいかに操作するかという点にまで論を進めた[23]のに対し、オルテガにおいては大衆操作の概念は語られていないため、ここに両者におけるさらなる相違が明らかとなる。オこうしたことから、ル・ボンの書が一般的に広く受け入れられただけでなく、現実政治の場面においても甚大な影響力を発揮したのに対し、オルテガの書は思想界を舞台として、その後の大衆社会論の展開方向を決定付けたのであった[24]。

こうして、ル・ボンとオルテガについて比較分析を行った藤竹は、続いて『大衆の反逆』における大衆の概念について検討を加えていく。

藤竹は、オルテガが新たに生み出した大衆の定義に独自性[25]を認めながらも、部分的にはゲオルク・ジンメルの影響が認められる点を指摘し、オルテガにおける大衆の概念がオルテガのみによって生み出されたものではなかったことを述べている[26]。また、オルテガが意識的に批判を行った対象として、シュペングラーの『西洋の没落』を取り上げ、両者の作品における大衆の概念について比較を行い、オルテガ大衆論の独自性を見出すのである[27]。

そして、最後に藤竹は、大衆と対極に位置する存在としてオルテガにおける少数者の概念、つまりエリートについて考察を行う。

藤竹はオルテガにおけるエリート理論については、パレートと同一の系譜であると述べ、両者の共通点を指摘している[28]。しかしながら、オルテガの描くエリート像はすべての点でパレートと共通していたわけではない。「パレートとオルテガが正反対の方向を向いているのは、選ばれた少数者であるエリートの資質についてであった[29]」とも述べているように、オルテガのエリート理論には独自性が認められることを指摘した。

こうして『大衆の反逆』に至るまでの系譜、そして同書における大衆の概念、少数者であるエリートの概念に至るまで、藤竹は幾人もの学者たちとの比較検討を行うことにより、オルテガの大衆論が、一方では他の学者たちと共通した部分を持ち合わせていたことから時代の風潮に合ったものであることを明らかとし、他方では他の学者たちには認められない、オルテガの独自性を浮き彫りとすることで、『大衆の反逆』の持つ意義を明らかとしたのである。

さて、上記のとおり、藤竹の考察内容を追ってきたが、実はオルテガとそれぞれの学者たちとの比較は、アメリカでの先行研究を基にしたものであった。また、オルテガの大衆の概念についてもすでに盛んにオルテガ研究が行われていた、アメリカでの先行研究を用いている。こうした海外での先行研究を用いたことはどのような意味を持つのだろうか。

藤竹が考察を進める下支えとして、意図して海外でのオルテガ研究を採用したのか、それとも国内でのオルテガ研究が未整備であったからこそ海外でのオルテガ研究を取り入れたのかは不明である。しかし、当時の日本において、社会学的な観点からのオルテガ研究は文献が確認できないことから、まだ未発達であったことは間違いない。加えて、国内の先行研究を学者である藤竹が確認しなかったことは考えにくいであろう。いずれにせよ、藤竹は社会学の分野における海外でのオルテガ研究を、日本のオルテガ研究に取り込んだことにより、海外でのオルテガ研究を通したオルテガ理解が日本において進むのである。ここに藤竹が行った考察に一つの意義が認められる。それは海外で展開されていた社会学的なオルテガ研究を日本に取り込み、分析を行う契機となったことである[30]。そしてもう一つの意義についても忘れてはならない。それは哲学を省いた形で社会学の分野におけるオルテガ研究の可能性を提示したことである。第三期までの期間において、藤竹のようにオルテガが提示した哲学領域に着目せず、社会学の領域から『大衆の反逆』を考察した人物は彼をおいて他に確認できない。

こうして藤竹が展開した、『大衆の反逆』についての考察は、日本におけるオルテガ研究に新たな着想と広がりを与えた。それまで哲学的理解が要求されると思われていたために、『大衆の反逆』に近づくことが困難であった人々に、社会学的観点からの接近を提示した。このことは、先の高橋たちが社会学の分野における定着の契機となったのに対して、藤竹は、オルテガの名を社会学の分野において一般化させることに寄与するのである。

第三期において、オルテガが展開した幅広い思想がどのような受容展開を見せ、またそこにはどのような特質が認められるかについて考察を進めてきた。最後に、この過程で明らかとなった点について指摘を行い、本章の結論に代える。

第三期では、様々な学問分野において、オルテガ思想の受容、進展、そして深化が確認された。このことは日本においてオルテガが積極的に論じられたことを示すが、同時に社会がスペインへと目を向けていたことも外部要因として忘れてはならない。そうした中、最も研究が進んだ分野に哲学が挙げられる。オルテガの最も中心的な思想領域である哲学では、研究者の世代交代とともに研究の深化も進み、基本的なオルテガ研究はその役目を果たし、次なる段階へと歩みを進めた。また、本章では一部しか扱えなかったものの、第三期において初めてオルテガ思想が受け入れられた分野についても検討を行い、経済学や司書論等を提示した。

本章の中心となった社会学の分野については、社会学者たちによるオルテガへの接近という視点から、まずは社会学におけるオルテガ思想定着の契機を、高橋をはじめとした社会学者たちによって刊行された書に求めた。ここで、哲学と対峙する社会学者の苦悩が次第にオルテガにおいて社会学的な部分を見出し、ついには社会哲学という終着点に行き着く過程を検討した。すなわち、ここでは、オルテガの大衆論は哲学と社会学という二つの学問分野に立脚して成立したものであった。

こうして社会学におけるオルテガ思想の定着は、次なる段階として、社会学におけるオルテガ思想の一般化へと移行していく。社会学における一般化、それは哲学と社会学という二つの学問分野に立脚した状態を社会学のみに立脚した状態へと変更することを意味する。そうでなくては常に哲学の素養が求められるからである。こうした、オルテガ哲学を排した形でのオルテガ思想の分析は、藤竹によって成し遂げられた。彼はまったくと言っていいほどオルテガ哲学にふれず、オルテガ思想を社会学的な見地から考察した。ここに至って、社会学におけるオルテガ思想は、本来、その土台であったオルテガ哲学が切り離された形で一般化する。このことの是非については、さらに検討が必要であろう。

注

（1）オルテガに関連した論文、研究書、翻訳そして雑誌記事等の総数は現在のところ、三百を超えるが、近年のオンラインデータベースシステムの構築に伴い、新しく発行されるものだけでなく、過去の発行物も順次、掲載されている。こうした現状は一方で、新しい資料の発見にもつながるが、他方で、その総数を厳格に限定することを困難としている。

（2）色摩力夫『オルテガ』、二三三―二三四頁。

（3）同書の初版は一九六六年に発行されたが、その十二年後の一九七八年に改版がなされている。西澤はその中の「改版あとがき」において、日本におけるオルテガ研究について、当時の状況を知る上で、次のような重要な記述を残している。「オルテガにとっても我国は当時とは比較にならぬ住み心地であろうと考える。（中略）『オルテガ著作集』（白水社）なるものすら上梓された東海のこの島国が、知己の多さにおいて、昔日の比ではないことは明らかである」（三二六頁）。このように十二年というわずかな期間のうちに、急速なオルテガ理解が進展していたことが理解される。

（4）今村温之「オルテガの一般教育理論」。

（5）西部邁『大衆への反逆』、一七八―一八一頁。

（6）田中久徳「情報社会での図書館員の役割――オルテガの評価をめぐって」。

（7）同上、一頁。

（8）入江隆則・加藤尚武・紀田順一郎「文春ブッククラブ・スペシャル　二十世紀の十冊　今読めばなお面白い、新しい、ためになる十冊」。

（9）実際には両者の間に、さらなる親和性があることが述べられているがここでは割愛する。詳しくは、高橋徹編『マンハイム・オルテガ　世界の名著』六五―六六頁を参照されたい。

(10) 同上、六六頁。

(11) 同上、付録四八、一頁。

(12) 東京大学と大阪大学の研究者たちによって編纂されたこともこの本が持つ影響力を暗に物語るのではないだろうか。

(13) 高橋編、前掲、六五―六六頁。

(14) 同上、六六頁。

(15) 同上、六七頁。

(16) 同上、六七頁。

(17) 同上、六八頁。

(18) 同上、六七頁。

(19) 同上、九〇頁。

(20) 藤竹暁『大衆政治の社会学』、二頁。

(21) 同上、一五七頁。

(22) 同上、一五四頁。

(23) 同上、一五五頁。

(24) 同上、一五六頁。

(25) 同上、一六〇―一六四頁。

(26) 同上、一六四頁、一七〇頁。

(27) 同上、一七三頁。
(28) 同上、一七四頁。
(29) 同上、一七四頁。
(30) オルテガの哲学、思想全般の分野における海外での研究を日本に取り込んだ第一人者としては、間違いなく、アンセルモ・マタイスがそうであろう。詳しくは本書第二章、「日本におけるオルテガ研究の進展」を参照されたい。

参考文献

藤竹暁『大衆政治の社会学』有斐閣、一九九〇年
今村温之「オルテガの一般教育理論」『一般教育学会誌』二(一・二)、一九八〇年、六九—七五頁
入江隆則・加藤尚武・紀田順一郎「文春ブッククラブ・スペシャル　二十世紀の十冊　今読めばなお面白い、新しい、ためになる十冊」『文藝春秋』六九(一三)、一九九一年、三七六—三八七頁
木下智統「日本におけるオルテガ研究の進展」『金城学院大学論集』社会科学編九(二)、二〇一三年、九四—一〇一頁
西部邁『大衆への反逆』文藝春秋、一九八三年
色摩力夫『オルテガ——現代文明論の先駆者』中央公論社、一九八八年
田中久徳「情報社会での図書館員の役割——オルテガの評価をめぐって」『カレントアウェアネス』一四七、一九九一年、一—二頁
高橋徹編『世界の名著〈五六〉マンハイム・オルテガ』中央公論新社、[一九七一]一九九九年

第五章
オルテガ思想研究の多角的展開

一九三三年、彼の思想が我が国に初めて導入されて以降、現在に至るまで、数多くの研究書、研究論文等が発表され、今なお研究が進められている。それらの内容は哲学、思想の分野のみに限定されることなく、実に多岐にわたっており、オルテガ思想の幅広さを裏付けるものとなっている。日本におけるオルテガ研究の歩みについて、独自に四つの期間を設定し、すでに第一期から第三期までについてはそれぞれ検討を加えてきた。[1] このため、本章では、残された一九九三年から現在に至るまでの第四期を対象として、この期間におけるオルテガ思想受容の展開と特質についてその一端を明らかにしたい。

1 第四期思想受容

第四期におけるオルテガ思想受容の展開と特質について、詳細な検討を加えていくにあたり、まずは、一九九三年から現在に至るまでの三十年間に刊行されたオルテガに関連する論文、研究書、翻訳そして雑誌記事等について、第四章で考察した第三期との比較を交えながら簡単にまとめておく。

第三期の最終年である、一九九二年はスペインが世界から大きく注目を浴びた年であった。すでに我が国では、この五年ほど前からオルテガ関連の出版物は、急激な増加傾向を見せ、それまで年に四作程度であったのに対し、多い年でおよそ二十作もの出版物が登場するようになった。こうしたことから、スペインイヤーが日本におけるオルテガ思想受容に影響していたことは明らかである。それではこうした動きは第四期に入るとどのように推移したのであろうか。一九九三年以降の出版物の数を見ると平均しておよそ八作程度が毎年刊行されていることが確認できる。つまり、スペインイヤーという外部要因が影響を見せない段階のおよそ二倍の刊行物が第四期では著されるようになったのである。そしてこの傾向は多少の変動はあるものの現在まで続いている。だが、こうした変化は単にスペインイヤーによる影響ととらえるのは正しくない。スペインイヤーの影響に加え、原語での対応が可能となった研究者の増加、翻訳の充実、そして幅広い分野へのオルテガ思想の浸透といった様々な要因が影響していると考えるべきであろう。

では、第四期に刊行されたオルテガに関連する論文、研究書、翻訳そして雑誌記事等について、オルテガ思想受容の観点から特筆すべきものを取り上げていく。なお、それぞれの著作物が扱う内容を基に、オルテガ研究の対象分野を、主流分野、継続分野、そして新しい分野の三つに分け、検討を行う。

2 第四期における研究の主流分野

第四期におけるオルテガ研究についてその主流分野といえるもの、それはやはりオルテガ自身の主たる研究分野であった哲学、思想の分野である。ここではオルテガ思想が日本において初めて受容された段階から第四期においても変わらず研究が進められ、「生・理性主義」などをはじめとするオルテガ哲学の基本的なテーマを基にした研究のさらなる深化と細分化が認められる。それでは、そうした研究を提示した中の一人として、まずは杉山武を挙げたい。

杉山のオルテガに対する評価はそれまでになされてきたものとは一線を画す。

オルテガの最大の功績は、スペインで、スペイン語による近代的哲学思考を根付かせたことにある。ドイツ流の緻密さには欠けるにしても、オルテガの思想にはスペイン流もしくは地中海流、要するに自分の哲学がある。(2)

それまでのオルテガに対する評価を簡潔にまとめると次のようなものになるだろう。第一には、文体、言葉使いが秀逸であること。第二には、哲学という一つの学問分野にのみ止まらない幅広い分野に対する深い考察を展開したこと。そして第三には、社会に対する鋭い洞察力とその深層をあぶりだす緻密な分析力を有していたこと、などが挙げられる。だが、杉山の評価はオルテガの功績と独自性へと向けられている。無論、杉山は先に挙げた三つの一般的な評価を否定しているわけではなく、むしろそうした評価を前提としてさらに一歩、踏み込んだものとして理解するのが正しいだろう。

また、この文章の冒頭で杉山が述べていることも実はあまりなされていない指摘である。

本邦では『オルテガ著作集』をはじめ数々の単行本によって、オルテガの主要作品の翻訳はほぼ出揃っている。しかしその研究はそれ相応に進歩していないのは残念である。

杉山はこのことについて詳細には述べてはいないが、筆者がこれまでのオルテガ研究から推測するには、日本におけるオルテガの哲学、思想面についての研究が、(a) ヨーロッパをはじめとする他国との研究と比べて、さほど進んでいない、(b) オルテガの主著である『大衆の反逆』が多くの研究者に扱われるようになった半面、社会学的な面だけが扱われ、他の豊穣な分野が置き去りにされつつある、といった理由が挙げられるだろう。(3) しかしながら、杉山の論文について丹念な検討を加えていくと、これらの理由に加え、(c) 何よりも本来、扱われてしかるべきテーマを十分に検討していない、という問題意識を杉山が持っていたのではないかとの印象を受ける。そしてその問題意識を論文という形で世に問うたのである。では、日本におけるオルテガ研究が本来、扱うべきテーマとは何であるか、このことを杉山の論文から明確にしておく。

杉山はオルテガが提示した哲学的テーマのうち、「生・理性」[4]、「歴史的理性」[5]、そして「根源的実在」[6]について丹念に考察を進めている。だが、これらのテーマはオルテガ哲学が日本に導入された初期段階から解説されてきたものであり、テーマだけに限って見れば、もはやこの時期においては新しいテーマとは言えない。しかし、杉山はこうしたテーマ、それぞれの解説を行うわけではなく、オルテガがどういう目的でこれらのテーマを考え、どのように自身の哲学を作り上げていったかを明らかにするために、考察の対象としたのであった。「オルテガにとって最大の哲学的課題は、デカルトにはじまりドイツ観念論において頂点に達した観念論・主観論の克服であった」[7]ことから、杉山はこの解決のためにオルテガが辿った思想の変遷をデカルトからカントへと段階を追って示し、一般に、「カント主義を乗り越えた」[8]といわれる過程の一端を明らかにしたのである[9]。カント主義を乗り越えた先にあるもの、それこそが杉山がオルテガについて「自分の哲学がある」と評した理由であった。

次に、オルテガ哲学の基本的なテーマを基にした研究から、さらなる深化と細分化を進めている研究者として、長谷川高生を挙げる。

第四期以前、すでに学術の世界ではオルテガに関する数多くの研究論文が発表され、オルテガ研究は大きく進展していた。しかしながら、オルテガの思想や彼の哲学的テーマについて、包括的に解説する一般書[10]はまだまだ希少であった。こうした状況は第四期に入り、長谷川が著した『大衆社会のゆくえ――オルテガ政治哲学：現代社会批判の視座』などの刊行によって変化を見せ、広く一般の人々にもオルテガの思想にふれる機会が与えられることになった。(11) すでに、オルテガの著作のうち、主要なものから細かなエッセイに至るまで数多くのものが翻訳されていたが、こうした包括的な解説書の登場はオルテガ思想への接近をより可能なものとした。この意味で同書が果たした功績は極めて大きいと言えよう。

また、長谷川が同書の副題に「オルテガ政治哲学」という新たな分野を打ち立てていることも見逃してはならない。長谷川の論文を紐解いていくと、オルテガの思想分析やオルテガが提示した大衆社会の分析から歩みを始めるも、その視点は多くの場合、大衆と大衆によって構成される社会、そして民主主義をはじめとする社会体制へと向けられており、ここからオルテガを介した政治哲学を模索する考察へとつながっていくのである。こうした思想的変遷は、新しい形態としての大衆社会の到来とそうした社会が深層において抱える問題点を指摘したオルテガにおいても同様にみられる。オルテガは、本来あるべき姿へと社会を導くには、政治が果たす役割を十分、認識していた。事実、彼は思想面からの社会への働きかけだけではなく、自ら政治の場へと身を投じ、政治家として社会の変革を志したことは周知の通りである。このように考えてみるとオルテガの政治、もしくは長谷川が提示したオルテガ政治哲学という分野が本来、オルテガの主たる考察分野であった哲学、思想と同様に一つの独立した分野として扱われるべきものであるとの結論に至る。

最後に、オルテガの哲学分野における新たな研究の提示者として、木下登について触れておきたい。木下はオルテガの哲学に関する論文を著した後、オルテガとハビエル・スビリ・アパラテギ（一八九八—一九八三）の思想比較を扱っている。スビリはオルテガを師としてその下で学位を取得、その後、マドリード大学の教授に就任、オルテガ、ウナムーノとともに現代スペインを代表する哲学者として知られている。「スビリの思想展開は、その第一段階においてオルテガの知的導きがあったことにより多くの可能性を獲得したこと」[12]から、オルテガの薫陶を受けた次の世代への研究の進展はオルテガが持つ、新たな一面の発見につながる可能性を有している。こうして日本におけるオルテガ研究に新たな方向が加わり、オルテガが遺した次なる思想の系譜が展開されていくこととなる。[13]

3 第四期における研究の継続分野

第四期のオルテガ研究において、研究の主流分野とは言えないまでも前期までと同様に継続的な研究が行われている学問分野がいくつか挙げれられる。それは文学、歴史学、司書学、教育学（大学論）、そして芸術論などであるが、これらの分野に共通していることは我が国におけるオルテガ受容の早い段階から研究が開始され、そして一通りの検討を終えていることである。つまり、現段階においては研究の継続性こそ認められるものの、かつてのような旺然たる様を確認することはできない。一方、先に挙げた、継続的な研究が行われている学問分野と同様に、主流分野と言えるほど研究が盛んに進められている訳ではないものの、この時期において研究の進展が見られる学問領域がある。それは分野としての明確な線引きは難しいものの、あえて定義すれば社会思想の分野である。これはオルテガが主著、『大衆の反逆』で展開した大衆論に端を発して、現状の社会分析とその本来の在り方を考察の対象とする研究者たちによって進められている。ここではそうした研究者のうち、西部邁と佐伯啓思について取り上げる。

西部は、日本を代表するオルテガ研究者の一人である。彼は研究者としてオルテガ思想の考察を進めるとともに、広く一般の人々にもオルテガ思想の紹介、解説を行った。このため、彼の著作においてオルテガの名、もしくはオルテガの思想が語られた機会は数知れず、オルテガ思想の伝搬において果たした役割は極めて大きい。

西部が書物として著したもののうち、初めてオルテガ思想が語られたのは、第三期に出版された『経済倫理学序説』であろう。同書は経済学者、ジョン・メイナード・ケインズなどの思想を扱ったものであったが、その中で西部はオルテガをケインズと同様の思想を持っていた存在として登場させている。[14] だが、経済学者と同様の思想とはいえ、オルテガを経済学者として捉えているわけではない。西部は両者が自らの思想を基に、社会に対して鋭い分析と働きかけを行った点から、社会思想という分野における共通性を見出していた。この後、第四期においても西部はオルテガ思想を積極的に取り上げていくが、その主軸は変わることなく、哲学よりも大衆論を中心とした社会思想にあった。ただし、西部によるオルテガ研究は他の一般的なオルテガ研究者とは異なり、考察の帰結を日本社会への批判に求めていたことは見逃されてはならない。こうした姿勢はまさにオルテガが哲学のための哲学に陥ることなく、生のための哲学を自らの命題として社会に向き合ったことと相通じるものがある。

さて、西部の批判は社会に対してのみ行われたわけではない。時として彼の批判は彼と同世界の人々、つまり知識人たちへも向けられた。オルテガが専門家に向けて批判を行ったことと同様である。先の社会に対する批判がオルテガの思想を基にした批判であったのに対して、知識人たちへの批判はオルテガの思想を正しい意味で理解せぬまま遠ざけていることへの批判であった。こうした批判が展開されたものとして、また当時のオルテガ思想を取り巻く社会状況を知る上でも、西部が第四期に出版した論文[15]について取り上げておく。

この論文はオルテガの思想解説を行いながらも、全体を貫くテーマは日本の言論界、つまりは知識人と呼ばれる人々に対する厳しい批判である。西部はまず、「大衆の典型を似而非知識人とみなすオルテガは日本では言論界の片隅に追いやられている[16]」と述べ、オルテガを取り巻く日本の社会状況を問題として提起する。ここで問題となるのはオルテガの主著、『大衆の反逆』という題名が人々に与える印象である。これについて西部は、「現代の人々がまず思い浮かべる光景は、それまで虐げられていた群衆がいよいよもって既成の権力に歯向かう、といった類のものであろう[17]」と述べ、一般的な印象に対しての理解を示す。しかしながらこうした印象はオルテガにおいては当てはまらない。オルテガにおいて大衆とはあくまで精神的な分類であり、社会的な身分を基にした分類と無関係であることは周知の通りである。大衆の反逆という題名について、過去の研究者たちの多くが同様の解説を加えてきたのも、こうした誤解を生じさせないためであった。

つまり、知識人であれば過去のオルテガ研究と真摯に向き合うことにより、以上のような誤解を避けることは可能である。だが、大衆という言葉が持つ一般的な印象のみによって表面的に解釈した結果、「この書に肯定的な評価を与えることを暗黙のタブーとするという事態[18]」となり、「大衆蔑視の鼻持ちならぬ奇書として、一部好事家がひそかに愛読するだけのもの[19]」となってしまった。西部によれば、『大衆の反逆』のみならず、オルテガの著作は日本の社会において、一部の人々のみにしか受け入れられることはなかったと結論付けられる。こうして西部はオルテガが誤解された現状から日本において大衆批判を行うことの難しさを社会問題として提示したのである。西部のこうした問題意識は日本におけるオルテガ研究の新たな一面として引き続き検討が必要であろう。最後に、オルテガを取り巻く当時の社会状況について、西部の言葉を引用しておく。

オルテガの著作は、とくにこの日本において、徹底的に無視されている。その著作群が次々と和訳されているにもかかわらず、その言説が日本の知識人から真剣な検討を受けたことは皆無に近い。そうでなければ、マスの訳語にほかならぬ大衆という日本語が、肯定的な意味合いを有した言葉として今も用いられる、というようなことは起こりえなかっただろう。

日本の大衆社会は、オルテガのような大衆批判の思想を一顧だにしないまま闇にほうむったという意味で、実に高度の段階に達している[20]。

続いて、西部と同様、社会思想の分野からオルテガの考察を進めた研究者として佐伯啓思を取り上げる。佐伯は第三期に著した論文において初めてオルテガを扱って以降、幾度かオルテガについて論じている。彼は自らの学問的土台を経済学に置きながら、哲学、社会学そして政治学へと思想の幅を広げている。[21] こうした姿勢から彼が西部を師として、多分に影響を受けたことがうかがえる。しかしながら、佐伯のオルテガ研究はオルテガを中心に据えたものではなく、あくまでも自身の論を補完する部分的な扱いでしかない。彼の著作や論文のうち、オルテガが関連するものはわずか数点に過ぎないのもそのためである。だが、重要なことは西部によって始められた経済学者からのオルテガへの接近を佐伯も踏襲したことである。つまり、経済学者がより学際的な立場で研究を進める場合、オルテガはもはや無視できない存在[22]として認知され、彼らの考察対象として各々の領域で扱われるのである。こうしていい意味においても悪い意味においても、オルテガは大衆論の代名詞的存在として、広く浸透したことがうかがえる。

4 第四期における研究の新しい分野

第四期におけるオルテガ研究、最後は新しい分野、新しい方向性について簡潔に指摘しておきたい。オルテガの幅広い思想は第四期の段階になっても、未だその広がりが確認できる。しかしながら、第四期における広がりは他の期間と比べると少し異質である。なぜなら、いわゆる理系分野への広がりが見られるためである。つまり、本来、オルテガが考察の対象としなかった範囲においても受容が確認できる。その代表的なものとして、武田邦彦の論文[23]を提示しておく。こうした論文におけるオルテガ思想の扱いは非常に限定された形でしかなく、オルテガ思想の考察を目的としたものではない。言うなれば、言説の紹介という役割でオルテガ思想が提示されるのである。だが、こうした分野での受容はオルテガの思想がますます一般的なものとして、広く浸透していることを示す一方、ともすればオルテガが一般的な教養として認知される段階にまで達したことを意味しているのかもしれない。無論、新しい分野においてもオルテガを直接的な考察の対象として研究を進めているものもあるため、第四期以降では、オルテガ思想がどのように扱われているのか、丹念な検討を行っていかなくてはならないだろう。この意味で、オルテガ思想の広がりは新たな段階を迎えたと考えられる。

第四期において、オルテガが展開した幅広い思想がどのような受容を見せ、またそこにはどのような特質が認められるか、こうした点について考察を進めてきた。最後に、一連の過程で明らかとなった点について指摘を行い、本章の結論に代える。

第四期において進められたオルテガ研究について、その内容を精査した結果、研究の対象をそれぞれ、主流分野、継続分野、そして新しい分野の三つに分けて進めることが望ましいとの判断に達した。これは他の期間と比べて、明らかにオルテガ研究の傾向に学問分野別の偏りが確認できたためである。このような状況において、まず、主流分野として取り上げたのは哲学である。オルテガ自身の主たる研究分野であった哲学では、オルテガ哲学の基本的なテーマを基にして、新たな見直しやさらなる深化、発展が確認された。特に、それまで具体的に論じられることがなかったオルテガ哲学の構築過程の一端を明らかとした研究は特に重要である。次に扱った継続分野では、この時期において研究の進展が見られる学問領域として、社会思想の分野について検討した。哲学の分野とは違い、多くの研究者たちが関わっている分野ではないものの、この時期において明確な進展が見られる学問領域であることが確認された。また、研究面においてだけではなく、オルテガの思想の伝搬において、この分野の研究者たちが果たした役割も忘れてはならない。そして最後に、新しい分野として、本来、オルテガが考察の対象としなかった範囲における受容を扱った。この検討により、他分野においてもオルテガ思想が一般的なものとして、広く浸透していることが確認された。

注

（1）オルテガ思想受容をめぐる考察については、それぞれ本書の、これまでの章を参照されたい。
（2）杉山武「訳者の周辺　『ライプニッツ哲学序説』」、二三二頁。
（3）しかしながら、このことの解決は極めて困難であると言わざるをえない。日本における「哲学」とは長きにわたり、ドイツ、フランス、そしてイギリスなどにおける哲学をその中心として据えたものであるため、「スペインの哲学」はあまりに馴染みがなく、接近は容易ではない。そもそも哲学という学問自体、今日、我が国においてはますます軽んじられる傾向にあることは何人も否定することができないであろう。加えて、語学面からみればスペイン語が日本で学ばれる主要言語でないことも大きく影響している。
（4）杉山「『生の理性』について――オルテガによる新しい形而上学の試み」にて扱われているが、杉山は「生・理性」ではなく、「生の理性」と訳出している。
(5) 杉山「『歴史的理性』について――人間存在の歴史性の探究」にて扱われている。
(6)「根源的実在」は先の二つのテーマと深い関連性があるため、それぞれの論文で扱われているが、後に単独で扱った論文として杉山「オルテガにおける〈根源的実在〉」がある。
(7)「『生の理性』について――オルテガによる新しい形而上学の試み」、一一五頁。
(8) 渡辺修『オルテガ』、三六頁。
(9) なお、オルテガによるデカルト批判については、他に、木下登「オルテガの合理主義哲学批判と『生・理性』について」、カント主義研究後の独自性については渡辺の前掲書、三六―三七頁、もしくは、色摩力夫の『オルテガ』の「その独自性」六―九頁を参照されたい。
(10) 包括的という観点から言えば、色摩力夫の『オルテガ――現代文明論の先駆者』がそれにあたる。
(11) ただし、長谷川の著作は同書の二七八頁に訳されている通り、大部分が自らの論文を加筆、修正したものであるため、解説書というよりは研究書の色合いが強い。一方、より一般の人々を対象とした解説書としては、渡辺の前掲書がある。
(12) 木下登「ハビエル・スビリと『近代哲学の破綻』――現象学を前にしてのスビリとオルテガ(一九一〇―一九三六)」、一〇九頁。
(13) なお、オルテガとスビリの関係性については、木下登「スペインの現代思想」、一三三―一三四頁も参照されたい。
(14) 西部邁『経済倫理学序説』、五七―五八頁。
(15) 西部邁「文明と成熟――西欧近代の裏街道を往く(一一) オルテガ――大衆の正体を発く哲学」。

(16) 同上、二一三頁。
(17) 同上、二一三頁。
(18) 同上、二一三頁。
(19) 同上、二一四頁。
(20) 同上、二一六―二一七頁。
(21) 佐伯ははっきりとは述べてはいないが、おそらく「社会哲学」という学問分野を念頭においているのではないかと思われる。だが、学問分類上の不明瞭さから本論では、社会思想として扱う。詳しくは『経済学の犯罪――希少性の経済から過剰性の経済へ』の「あとがき」を参照されたい。
(22) 佐伯は「話がここまでくれば、大衆論の古典というべきオルテガの『大衆の反逆』に、どうしても触れないわけにはいかないでしょう。オルテガこそは、現代の大衆という現象に正面から取り組んだ思想家だからです」(『経済学の犯罪――希少性の経済から過剰性の経済へ』、一五四頁)、と述べている。
(23) 武田邦彦「環境と高分子材料」、一〇九頁。

参考文献

長谷川高生『大衆社会のゆくえ――オルテガ政治哲学:現代社会批判の視座』ミネルヴァ書房、一九九六年
木下登「オルテガの合理主義哲学批判と『生・理性』について」『アカデミア』人文・社会科学編五三、一九九一年、五五―七九頁
――「ハビエル・スビリと『近代哲学の破綻』――現象学を前にしてのスビリとオルテガ(一九一〇―一九三六)」『アカデミア』人文・社会科学編五九、一九九四年、八九―一一八頁

――「スペインの現代思想」『現代スペイン読本』丸善、二〇〇八年、一二六―一三五頁
木下智統「日本におけるオルテガ思想の初期受容――その過程と要因に関する一考察」『金城学院大学論集』社会科学編九（一）、二〇一二年、一三〇―一三九頁
――「日本におけるオルテガ研究の進展」『金城学院大学論集』社会科学編九（二）、二〇一三年、九四―一〇一頁
――「社会学におけるオルテガ」『金城学院大学論集』社会科学編一〇（二）、二〇一四年、一五〇―一五九頁
西部邁『経済倫理学序説』中央公論社、一九八三年
――「文明と成熟――西欧近代の裏街道を往く（一一） オルテガ――大衆の正体を発く哲学」『諸君』二七（二）、一九九五年、二一三―二二一頁
佐伯啓思『二十世紀とは何だったのか――「西欧近代」の帰結』ＰＨＰ研究所、二〇〇四年
――『経済学の犯罪――希少性の経済から過剰性の経済へ』講談社、二〇一二年
杉山武「『生の理性』について――オルテガによる新しい形而上学の試み」『広島修大論集』人文編四〇（二）、二〇〇〇年、一一五―一五二頁
――「『歴史的理性』について――人間存在の歴史性の探究」『広島修大論集』人文編四四（一）、二〇〇三年、四三一―四七〇頁
――「訳者の周辺 『ライプニッツ哲学序説』」『イスパニア図書』九、二〇〇六年、一二三一―一二三三頁
――「オルテガにおける〈根源的実在〉」『広島修大論集』人文編四七（二）、二〇〇七年、八七―一一二頁
武田邦彦「環境と高分子材料」『材料』五四（一）、二〇〇五年、一〇四―一一一頁
渡辺修『オルテガ』清水書院、一九九六年

第六章
経済学とオルテガ

オルテガの思想が日本で紹介されて以降、現在に至るまで数多くの研究書、研究論文等が発表されてきたが、その内容は哲学、思想、歴史学、社会学、教育学（大学論）、芸術論、文学論、経済学、人間学、そして倫理学などの多領域にわたっており、オルテガ思想の広がりを裏付けるものとなっている。

このような広がりを持ったオルテガ思想の範囲のうち、本章では、特に経済学における受容に焦点を絞り、経済学者、西部邁をその主たる考察対象として扱う。

総じて、本論考は、経済学におけるオルテガ思想の受容について考察を進めることにより、日本におけるオルテガ思想の受容に新たな一面を加えることを目的としている。

1 日本における受容の特徴

日本におけるオルテガ思想の受容は一九三三年から開始され、それから九十年あまりたった現在、数多くの研究書、研究論文、解説書、そして翻訳等が刊行され、オルテガはスペインの哲学者としては唯一、一般化した存在としてとらえられるだろう。ここに至るまでのオルテガの思想受容については、一九三三年から現在までをそれぞれ節目となる年数を軸として四つの期間に分け、丹念な検討を行ってきた。(1) こうした時間軸を基とした検討は、オルテガ思想受容の過程が各期間の時代風潮や学問状況とも密接に関係していることを確認する作業であった。また、オルテガと向き合った人々の思想変遷を辿っていく作業でもあった。そして、こうした検討の結果、オルテガ思想の受容は幾多もの学問分野にまで広がっていることが確認された。それらの内容は哲学、思想の分野のみに限定されることなく、実に多岐にわたっており、オルテガ思想の幅広さを裏付けるものとなっている。

だが、彼の思想が導入される初期段階からその幅広さ、その奥深さゆえに一つの学問分野に留まるものではなく、いくつもの学問分野に及ぶことはオルテガ導入の初期段階から指摘されていたことであった。初期オルテガ研究の中心人物であった、池島重信はそうした指摘を最初に行った人物である。

オルテガは歴史を決定したあらゆる芸術作品に対して行き届いた理解を示す一方、晦渋と言われているドイツの精神科学に対しても精密な知識をもっている。また深奥を誇る東洋思想への悟入があるかと思えば、感性の極致を誇るフランス文化に対する味解も容易に他の追随を許さぬものがある。(2)

池島が上記のように述べていた段階では、オルテガに関する研究は、皆無に近く、数本程度が確認できるのみであった。つまり、池島は様々な要素からオルテガを「文化の全体把握の達人(3)」としてとらえたのではなく、オルテガの著作にふれた実感としてこのような発想にたどり着いたのである。そしてその後、オルテガの著作にふれた人々は同様の実感を持った後、それぞれの分野においてオルテガ思想の受容を開始するのであった。

現在までにオルテガの思想受容が確認できる主な分野として、哲学、思想、歴史学、社会学、教育学(大学論)、芸術、文学、経済学、人間学、そして倫理学などがあげられるが、明確な学問分類が困難なものもあるため、さらなる検討が必要であろう。いずれにしても、オルテガの思想が日本において、幅広い分野で時間をかけ、少しずつ受容されたことは時間軸を基にした検討によって確認された。

さて、こうした様々な分野でのオルテガ思想受容の進展は、しかしながら、哲学の分野では他の分野とは異なった進展を見せている。日本におけるオルテガ思想の受容について全体の展望を得た現在、この状況に違和感を感じざるを得ない。なぜならば、オルテガ思想の主要な領域である哲学の分野でこそ、本来、最もその受容が進むであろうと推測されるからである。

オルテガが日本の哲学分野において登場するのは、哲学会が発行する論集に掲載された、一九五六年のことである。この時、原佑が著した論文[4]は哲学的なアプローチによりオルテガの思想を説くことを意図したものであった。だが、結果として、原はオルテガ思想における哲学的体系の欠如を理由として、その目的を達成できなかった。彼が、「オルテーガが形成した思想を、全面的とは言わず、たとえ重点的にせよ展開してみせるということには、様々な困難がともなうであろう」[5]、と述べたことが原因かは定かではないが、日本の哲学分野でのオルテガ受容の可能性はこの後、閉ざされることになった。現在、半世紀以上が経っているが、オルテガが哲学会の論集に登場するのはたったこの一回であり、この一回において哲学者としては非なる存在として扱われたのである。すなわち、オルテガ思想受容の進展は日本の哲学分野においては、ほとんど進んでいない、または、受け入れられてさえいない、と考えるのが適切であろう。[6]このように、その分野で本来の研究者たちに受容されていない[7]、という状況はオルテガが受容された、他の分野とは大きく異なっている。

それでは、どのようにしてオルテガ思想における哲学の受容は日本の哲学の分野において進んだのであろうか。それは、主たる研究分野が、哲学ではない研究者たちによって進められたのである。つまり、オルテガを知り、オルテガに近づき、そして本格的にオルテガの思想を考察するために彼の哲学を学んだ、学際的な研究領域を持つ者たちによって進められた。無論、このような状況は真に彼の哲学の受容の進展ととらえられるか、否かの議論の余地を残すものとなるであろうが、筆者としては、オルテガの生・理性主義などをはじめとする哲学面の研究が多数、行われていることから、これらを彼の哲学の受容ととらえることは適当と考える。

このように、日本の哲学分野では哲学者として正面から扱われなかったオルテガだが、オルテガを哲学者として真摯に扱った研究者は多い。そうした中でも、研究の出発点を経済学に据え、後に、哲学、社会学、そして社会思想といった分野へとその領域を広げた、オルテガの中心的研究者に西部邁がいる。ここからは経済学者において、オルテガ思想がどのように受容されていったのか、こうした点について考えてみたい。

2 経済学における受容

経済学におけるオルテガ思想の受容は他の学問領域と比べると限定されたものとなっている。これはオルテガが著したものの中に主として経済学を扱ったものが存在しないためである。(8) こうした状況の下、オルテガ思想はどのように経済学の分野で受容されたのであろうか。

経済学におけるオルテガ思想の受容、それは西部邁において始められた。現在では、西部は日本を代表するオルテガ研究者の一人であるが、オルテガ思想の考察を始めた当初は、主たる研究領域を経済学においていた。その後、哲学、社会学、そして社会思想の領域について研究を進め、後に、批評家として、広く一般の人々に自らの思想を問うている。オルテガはこうした際に彼が頻繁に取り上げる人物の一人である。西部の著作において、オルテガの名、もしくはオルテガの思想が語られた機会は数知れない。こうしたことから西部は、他のオルテガ研究者たちとは違い、一般の人々にオルテガの思想を伝搬したという面でその役割は極めて大きい。もし、西部がいなければ日本におけるオルテガの受容は現在とはまったく異なる展開となっていたに違いない。

西部と同様、経済学から多分野へと研究を進めた佐伯啓思もオルテガ思想の受容が認められる人物である。だが、彼は西部が批評家として活動したのとは違い、研究者としての活動に重きをおいた。そのため、西部のように幾多もの機会をもって一般の人々にオルテガ思想を問うことは行っておらず、その回数は限られている。無論、佐伯が西部ほどオルテガを自分の思想に取り込んだかどうかも活動の姿勢の違いに加えて、考慮しなくてはならないであろう。西部が多角的な研究を進める際に積極的にオルテガを受容したのに対して、佐伯のオルテガ思想の受容は大衆論と社会論に限定されている(9)ことからその差異にも一定の留意が必要となろう。

しかしながら、少なくとも両者を通して言えることは経済学の分野において、オルテガは受容の対象となりうることが示されている点である。ただしそれは、経済学がもつ幅広い専門領域の全般にわたるものではなく、西部や佐伯が行ったように、経済学を通して次なる領域へと考察を進めていく場合、つまりは哲学、社会学、そして社会思想といった分野について検討を加える場合に限られている。

だが、このことは同時に、経済学者がこうした学問領域へと研究を進めた際、なぜオルテガ思想の受容に辿りついたのか、という根本的な疑問を生む。こうした点について、西部におけるオルテガ思想の受容を考察の対象とすることで明らかにしていきたい。

3　経済学者西部邁における受容

西部におけるオルテガ受容の出発点は定かではない。一九七五年、最初に出版した、『ソシオ・エコノミクス』ではまだオルテガの存在も思想も語られてはいないが、一九八〇年に読売新聞の文化欄への寄稿には、「スペインの哲学者オルテガが大衆社会の『愚劣』さをほぼ余すところなく描いたのは両大戦の中間点においてであった」[10]、との書き出しによって、オルテガと大衆社会の問題が語られている。これが西部がオルテガについて行った、最初の紹介であり、解説である。次いで同年、雑誌『エコノミスト』に掲載された論文[11]では、当時、一般的に語られていた「大衆」の概念を大きく二通りの種類に分けて提示した後、オルテガとの違いについて述べている。それによれば、「ひとつは、教養と財産のないもの、つまり公衆、パブリックでないものを大衆とする見方[12]」であり、「もうひとつの大衆観は政治階級として大衆をみるやり方である[13]」が、「こうした類の大衆観からはっきりと免れている、ないしは免れようと努力しているのは、私のみるところ、オルテガのみである[14]」と述べ、オルテガ思想の独自性について言及している。

最初の出版物から新聞への寄稿までのおよそ五年の間に、西部のうちにオルテガが取り込まれたのか、それとももっと以前から温められていたのか、またはその両方かは明らかとなってはいない。いずれにせよ、この期間のうちに何らかの思想的変遷が西部にあったことだけは間違いない。それは西部自身によって語られる、次の記述からも明らかである。

現代における最大のタブー、それは大衆を批判することである。私がなぜこのタブーを侵すようになったか、しかも自分の怯懦と脆弱をよくわかっていながらなぜそうするようになったか、その経緯は定かではない。ただ気分の問題として、自分が大衆化社会状況と折合のつきにくい種類に属するのだということをはっきりと感じた時期と場所だけは、おぼえている。それは一九七八年のことで、そのとき私は英国の小さな村に閉居していた。[15]

この記述によって示されているように、西部は大衆化社会状況に対してある種の違和感ともいうべきものを「はっきりと感じた」わけである。そしてそれは一九七八年、英国に滞在していた時であると語られているとおり、その一年前に米国で過ごした時期の回顧録には、その後、彼があらゆる場面において展開する大衆論に関する記述はまだ見られない。[16] つまり、西部がオルテガに初めてふれた時期は明確に限定できないものの、大衆論の萌芽はここに見てとれる。そして、この萌芽が結実したことが明らかとされるのが次なる記述である。

話が急に自分のことに及んで恐縮だが、十五年前、米国と英国にそれぞれ一年暮してこの国に戻ってきたとき、私は現代日本が「歴史上もっとも不幸な時代として浪間に漂っている」こと、そして現代日本人の表情と行動に「優越感と不安感という奇妙な二元性」があることを強く感じた。それ以来なのだ、私がジャーナリズムの場で大衆社会批判をやるようになったのは。[17]

おそらく西部は、英国の前に滞在していた米国で、いち早く大衆が社会の主役となった状況を目の当たりにして、様々な想いを巡らせたことであろう。そうした想いが英国留学時に大衆社会への懐疑を生み、帰国とともに憂国の情へ変化した。なぜなら、彼が帰国した時、祖国は「戦後日本が大衆の天国ともいうべきアメリカを真似ることによって獲得したのは、アメリカ人ですら恐れ入るような高度大衆社会[18]」へと変容してしまっていたからだ。

こうして、西部は帰国の翌年からジャーナリズムの場で大衆社会に対する批判を展開していく。そしてその第一歩が先に挙げた新聞への寄稿であった。ここまで検討を進めると、西部がオルテガを受容した時期については、自然な成り行きを基にした一つの仮説を立てることができるだろう。つまり、西部が一九七八年に大衆社会に対して懐疑を抱いた時から、一九八〇年に大衆社会に対する批判を展開する、この二年のうちにオルテガを受容したと考えるのが自然である。そして、西部がオルテガの何を自らに取り入れたかといえば、先の引用のとおり、オルテガ独自の大衆の概念について、つまりはオルテガの大衆論についてであった。だが、この受容は文字どおり、西部がオルテガの思想を自らに取り込んだことを意味しており、実はオルテガの思想に最初にふれた時期はそれ以前に遡る。

十余年前に、〝反逆せる大衆〟の野蛮な権力奪取にたいするたった独りの反逆であるこの世紀の書を読んだとき、馬鹿の一人として、私のいらだちは小さくなかった。私も多くの民主主義者にならって、オルテガのことを貴族主義的反動と呼ばんばかりになったし、せいぜいのところ、左右の全体主義に反対する警世家として軽くいなそうとしたのである。[19]

現在ではオルテガ研究の第一人者、もしくはオルテガの最も良き理解者とも言うべき西部であるが、彼が初めてオルテガの思想にふれたのは、大衆社会批判を展開していく、はるか以前のことであった。だが、上記のとおり、西部ははじめからオルテガ思想を受容したのではなく、むしろ嫌悪感をもって、一度、オルテガを葬り去っているのである。そしてその理由となったのが、貴族主義者として大衆を批判するオルテガ、という構図であった。つまり、完全なる誤解である。現在でも、事あるごとに、オルテガが貴族主義者として誤解を受けていることに言及している西部自身が、こうした誤解をしていたことは非常に興味深い。この誤解について、西部の悔悛の情は次のように述べられている。

こんなふうに思いを入れるのは、少し誇張していえば、ギルティ・コンシャスのせいかもしれない、一昔前の私はオルテガのことをほとんど忌み嫌うといった調子だったのである。ファランヘ党員に愛された貴族主義的反動のイデオローグという巷間のオルテガ像が、恥ずかしくも、私の眼に焼きついていたわけである。読むことと理解することのあいだに真偽とりまぜての自分の生が介在しているのだという自明のこと、それをあらためて知らされたのが私のオルテガ再体験である。つまりもうひとつ誇張していえば、十年かけて、「生はひとつの課題である」というかれの命題を私なりに具体的に生きたという次第である。[20]

以上から西部におけるオルテガ思想の受容について、初期の過程が明らかとなったであろう。ところで、西部のオルテガ思想研究は彼がふたたびオルテガと対峙したと推測される、一九七八年頃から数年のうちにほぼ完結したと思われる。というのも、西部の著作物には大別して、(a)論文、(b)研究書、(c)雑誌、新聞への寄稿、そしてこれらを何らかのテーマに沿ってひとまとめとした、(d)著作集、という四種の型が存在するが、[21]こうした著作物を見ていくと彼がオルテガの思想を丹念に研究した痕跡が見られるのは、『大衆への反逆』が刊行された、一九八三年頃までであるからだ。この後も西部は著作やジャーナリズムの場でオルテガを取り上げることはあるものの、その内容はすでに一九八三年以前の著作に見られるものと同一の内容であると言ってよい。無論、彼においてオルテガ思想が熟成されていったことは否定できなくもないが、少なくとも出版された著作物を見るに、こうした推測は妥当性を得るものと考える。[22]つまり、西部において確固たるオルテガ像とオルテガ思想の受容が非常に短い期間のうちに達成されたことは、オルテガの思想を渇望した表れと考えることができるであろう。とはいっても、西部は「オルテガについて言及すべきことはまだたくさん残されている。その世代論、女性論、芸術論などにもふれなければ、彼の思想の全貌はみえてこない[23]」、と述べているように、彼の直線的な興味から離れた部分では、いまだ未開拓な面が数多く残されていることを認めている。

さて、当初は誤解をもってオルテガから離れた西部であったが、彼がオルテガへと戻る動機は何だったのだろうか。西部が大衆社会への懐疑を抱いていたからと言って、その要因を短絡的にオルテガの大衆論へと求めることは、適当ではない。なぜならば、オルテガのみが大衆論を展開したのではなく、また西部も大衆論の系譜を考察した結果(24)、オルテガのみが大衆論を展開したわけではないことを熟知していたからである。

西部の数々の寄稿を集めた、『大衆への反逆』に散見する彼のオルテガへの心情には、ふたたびオルテガと向き合った理由について述べられている箇所が一つだけ存在する。それによると、西部がオルテガをふたたび読み直したのは、「眼前の大衆社会にたいするなんとも苦々しい思い、いくら抑制してみてもつのりゆくばかりの嫌悪の情、そうした心理のおもむくところであった(25)」ことが理由であったと述べられている。つまり、西部自身が大衆社会と対峙するために、または自身が完全にそうした社会へと飲み込まれないために、気概の源泉をどこかに求めていたのではないだろうか。そうした時にふたたびオルテガを読み直し、その内容に感嘆して受容へと結びついたものと考えられる。もし、そのような気概を志向しないのであれば、ふたたびオルテガと向き合う必要もなかったはずである。

こうして西部はすでに見たとおり、短期間のうちにオルテガの思想を受容したのであるが、彼の受容の過程を丹念に検討していくと、その内容には二つの面が浮き彫りとなってくる。一方は、哲学を根底とした大衆論をはじめとするオルテガの思想であり、西部も数多くの検討を行っている、いわばオルテガの一般的な受容の形態と言える。他方は、オルテガの姿勢の受容、つまりオルテガの生とそこに息づく精神への共感、そしてこの両方を共有していくという形での受容である。こうした点はそれまでにオルテガを受容した人々と西部は明らかに異なっている。西部以前、オルテガの精神的気高さに魅了された人物[26]はいたものの、共感から共有への過程を経て、オルテガの精神を自らに取り込んだ人物は見受けられない。

では、最後に西部独特とも言える、オルテガの生とそこに息づく精神への共感、そしてこの両方を共有していくという形での受容について考えておきたい。

先に見たとおり、西部は大衆社会に対する懐疑を留学中から抱くようになっていたが、彼の場合、大衆社会、そのものだけが問題ではなかった。西部は、「この高度大衆社会における私自身の存在にかんする憂慮がオルテガの言説と呼応した[27]」と述べているように、大衆社会の只中に位置する自身の存在は、果たしてどうあるべきかを模索していたのである。そうした時に西部が共感したのが、オルテガの生、つまりはオルテガが身をもって示した、「生きる」ということの実践とその基となる精神である。オルテガを、「みずからの提唱した生の哲学どおりに、危機に直面せる生の一個のドラマティックな課題として引き受けた人であった[28]」と西部が評したのも、オルテガが大衆社会という危機に直面した中にあって、「大衆に迎合することも唯我に自閉することもない[29]」生き方を貫いたことにある。大衆批判を行う一方、新聞などの媒体をもって大衆への啓発活動を行い、決して大衆への働きかけを止めることがなかったオルテガの姿に、西部は大衆社会における知識人の在り方を見たのではないだろうか。

さて、西部におけるオルテガの生とそこに息づく精神への共感は両方を共有していくという形での受容へとつながっていく。すなわち、西部による大衆批判が開始されるのである。西部は、「大衆を批判するのはますます強固なタブーとなりつつあるが、私はその禁忌にやすやすと従いたくはない(30)」と述べているように、大衆を批判することの困難さについては十分に理解していた。無論、それはオルテガを通して得られた理解であるが、同時にオルテガが見せた、危機に直面した生の在り方も理解していた。その両方を理解しながら、西部はオルテガの生とそこに息づく精神を身にまとい、大衆社会との戦いに赴くのである。ただし、西部は現実の大衆社会だけではなく、ある時は大衆化が進む状況についても憂慮を述べている。最後に西部を取り巻く、もう一つの大衆化について提示しておく。

もっと正確にいえば、「優れた審判を自力で発見できない」という意味での大衆人であるのは恥ずかしいことではなくて致し方ないことである。なんといっても先天的能力の限界というものがあるのだからである。恥ずかしいのは、優れた審判を聞こうとも認めようともしないという意味で「反逆せる大衆」になることであろう。卑近な例でいえば、経済学者が経済学者であるのは仕方のないことである。しかしそれを専門主義にまで落として、他分野の優れた成果を一顧だにしなくなるのならば、経済学において大衆の反逆が起こったということである。私がまったくもって苦々しく思う大衆化状況とは、さしあたりは、億の数の民人にかんする話ではなく、自分もさしずめ首まで漬かっているにちがいないこの言

論世界の大衆化のことなのである。(31)

本章では、一九三三年に始まる日本におけるオルテガ思想の受容について、簡潔に全体を概観した後、経済学における特質について検討を行ってきた。中でも、日本におけるオルテガ研究者として最も重要な役割を果たしてきた、西部邁に焦点を絞り、論を展開してきたが、最後に、この過程で明らかとなった点を要約して本章の結びとしておきたい。

第一に、経済学者によるオルテガ研究の進展を挙げる前に、今一度、日本におけるオルテガ研究の特殊性について述べておく必要があるだろう。それは、オルテガが本来、受容されて然るべき分野である哲学の領域において、オルテガが取り上げられたことが皆無に近いと言える現状である。(32)また、そうした空白を学際的な研究を行う人々が埋めている現状もまた、特殊と言わざるをえない。

第二に、経済学の分野においてオルテガ思想が受容の対象となりうることが明らかとなった点である。ただしこれは、西部や佐伯を通して検討したように、経済学がもつ幅広い専門領域の全般にわたるものではなく、経済学を通して他の領域へと考察を進めていく場合に限られている。つまり、経済学のみを対象とした場合、オルテガ思想が受容の余地を残すかどうかは未だ検討を要する。

そして、第三に、経済学者、西部が自らを取り巻く大衆社会に対して懐疑を抱き、そうした状況と対峙するために、オルテガへとその気概の源泉を求め、オルテガの生とそこに息づく精神への共感、そしてこの両方を共有していくという形での受容を行ったことが明らかとなった。この後、西部は積極的に大衆社会批判を行い、その姿勢は現在においても何ら変わることなく続けられている。そのため、われわれは西部において、今なお力強く生き続けるオルテガを感じることができるのである。そして同時に、西部の存在は、われわれの精神のうちにもオルテガを宿すことの選択を突きつけているのである。

注

（1）「日本におけるオルテガ思想の初期受容——その過程と要因に関する一考察」をはじめとする拙稿を参照のこと。

（2）池島重信訳『現代の課題』、二頁。

（3）同上、三頁。

（4）原佑「ホセ・オルテーガ・イ・ガセットの思想」。

（5）同上、二頁。

（6）拙稿、「日本におけるオルテガ研究の進展」では原の論文をもって、日本の哲学分野における認知、と解釈したが、このように考えてみると、本当の意味での認知とはいい難い。

（7）当時のドイツ哲学への傾倒から考えればこれは当然のことであるが、逆にみれば、ドイツでオルテガが盛んに受け入れられていたことが日本にオルテガが導入されるきっかけとなったのは間違いない。つまり、ドイツ哲学への傾倒はオルテガ思想の導入の障壁となった一方、こうしたドイツ哲学への傾倒がなければオルテガが日本に導入されることもなかったかもしれない。

（8）無論、常に正しい意味での社会の在り方を模索していたオルテガにおいて、経済に関する考察がまったく存在しないことは考えにくい。だが、少なくとも経済を主たるテーマとした論文も著書もないことから、オルテガの中に経済に関する何らかの検討がなされていたかどうかは、残された著作の中から断片的な記述を拾い上げ、考察を進めるより他はない。こうした点においてはいまだ検討の余地は残されているため、別稿にて試論を展開してみたい。

(9) 佐伯啓思『二十世紀とは何だったのか』(特に、一五四―一六四頁)、および佐伯啓思「政策論的知識」(特に、一九一―一九五頁)を参照のこと。

(10) 読売新聞、一九八〇年一月九日号。

(11) 西部邁『経済倫理学序説』、一六九―一八九頁。

(12) 同上、一八〇頁。

(13) 同上、一八一頁。

(14) 同上、一八一頁。

(15) 西部邁『大衆への反逆』、二九六頁。

(16) 西部邁『蜃気楼の中へ』、三―二〇三頁。

(17) 西部邁「文明と成熟――西欧近代の裏街道を往く(一一) オルテガ――大衆の正体を発く哲学」、二一八―二一九頁。

(18) 同上、二一九頁。

(19) 西部邁『大衆への反逆』、七八頁。

(20) 同上、一七九頁。

(21) 加えて言うならば、西部の著作物は膨大な数に上るものの、出版社を変更した再販物も多く、そうしたものの内容については加筆、修正が行われていない場合がほとんどである。

(22) 例えば、この後に西部が著した『大衆の病理』では、一見するとオルテガの大衆論についてさらなる研究が行われているように見受けられるが、実は、オルテガの大衆論について研究が進んだのではなく、大衆論そのものとその系譜について検討が行われている。つまり、オルテガから発展した形での研究は進められているが、オルテガの思想自体については研究の進展は認められない。

(23) 西部邁『大衆への反逆』、一一〇頁。

(24) 西部邁『経済倫理学序説』、一七九—一八〇頁。

(25) 西部邁『大衆への反逆』、一七九頁。

(26) オルテガ思想の受容に関する初期段階で言えば、例えば佐野利勝が挙げられる。詳しくは拙稿、「日本におけるオルテガ思想の初期受容——その過程と要因に関する一考察」を参照のこと。

(27) 西部邁『大衆への反逆』、七八頁。

(28) 同上、一一二頁。

(29) 同上、七五頁。

(30) 同上、八〇—八一頁。

(31) 同上、一八一頁。なお、同様の事は、別の箇所でも述べられている。すなわち、「私が東京大学を辞めることになったのも、そこにいる教授や助教授の大半が大衆の見本であるように思われたということに端を発している」(西部邁「文明と成熟　オルテガ——大衆の正体を発く哲学」二一八—二一九頁)。こうした経済学と西部を巡る問題については別稿にて取り扱う。

(32) このような現状については、西部の言が誠に言い得て妙である。「私のみるところ、哲学や社会学のほんの一部が関心をよせているとはいえ、オルテガのことを正面からみつめる人は少ない。つまりオルテガは、生の根本形式は孤独であるといったのだが、死後においてもやはり孤独の人である」(西部邁『大衆への反逆』、一一二頁)。

なお、社会学におけるオルテガ思想の受容については、拙稿、「社会学におけるオルテガ」を参照されたい。

参考文献

原佑「ホセ・オルテーガ・イ・ガセットの思想」『哲学雑誌』七一（七三二）、一九五六年、一―二六頁
池島重信訳『現代の課題』刀江書院、一九三七年
木下智統「日本におけるオルテガ思想の初期受容――その過程と要因に関する一考察」『金城学院大学論集』社会科学編九（一）、二〇一二年、一三〇―一三九頁
――「日本におけるオルテガ研究の進展」『金城学院大学論集』社会科学編九（二）、二〇一三年、九四―一〇一頁
――「社会学におけるオルテガ」『金城学院大学論集』社会科学編一〇（二）、二〇一四年、一五〇―一五九頁
西部　邁『蜃気楼の中へ――遅ればせのアメリカ体験』日本評論社、一九七九年
――「八十年代を生きる」読売新聞、一九八〇年一月九日号夕刊
――『経済倫理学序説』中央公論社、一九八三年
――『大衆への反逆』文藝春秋、一九八三年
――『大衆の病理』日本放送出版協会、一九八七年
――「文明と成熟――西欧近代の裏街道を往く（一一）　オルテガ――大衆の正体を発く哲学」『諸君』二七（二）、一九九五年、二一三―二二一頁
佐伯啓思「政策論的知識論――高度市場社会における知識と政策」『中央公論』一一一（一）、一九八七年、一七四―一九八頁

――『20世紀とは何だったのか――「西欧近代」の帰結』ＰＨＰ研究所、二〇〇四年

第七章

芸術論とオルテガ

本章は、考察対象分野に広がりを持ったオルテガ思想のうち、特に芸術の領域における受容に焦点を絞り、彼の思想の導入が日本の研究者たちにどう受け入れられたかを考察するものである。なお、我が国においてこうした観点からの先行研究が欠如していることをまずは指摘する一方、具体的な検討は芸術の領域におけるオルテガ研究を丹念に追っていくことでその一端を明らかとしていきたい。

1 芸術思想の提示

オルテガは、一九三〇年に、後に彼の主著となる『大衆の反逆』（*La rebelión de las masas*, 1930）を発表し、哲学を基にした大衆論、大衆社会論を世に問うた。同書でオルテガは、社会を構成する要素として大衆と少数者という二つの概念を提示し、それぞれについて考察を行った後、それまでの大衆という概念とは異なる、新たな人間のタイプとしての「大衆」の概念を生み出した。大衆、少数者、そして新しいタイプとしての「大衆」が台頭する社会について、オルテガの生・理性哲学を基に分析を行ったのである。このようにオルテガの思想は現状に対する丹念な考察、分析から新たな概念の提示へと歩みを進めることが少なくない。『大衆の反逆』はこうした姿勢がまさに顕著に表れた書といえ、新たに提示された概念に対して多くの研究者たちが高い評価を送る所以となっている。

だが、こうしたことは何も彼が著した、この大衆社会論の書に留まらない。オルテガが記した書物は多領域にわたるものであり、そうしたことはすでに広く知られるところとなっている。無論、彼が考察の対象とした領域である、哲学、思想、歴史学、社会学、教育学（大学論）、芸術、文学、人間学、そして倫理学等のすべてが等しく日本の社会において認知されているとはいい難く、その程度にはいまだ大きな開きがある。こうしたことはこれまでに刊行された研究書や論文から推察されよう。また、オルテガ自身が書き記した作品数も先に挙げた領域ごとに等しく、均等に著されているわけではない。このため、領域による認知の差は当然のことと言える。そしてこうした理由に加え、または何にも増して、オルテガのどの領域の思想が日本の人々の琴線に触れるかどうかもオルテガ思想の認知に大きく関係することは間違いない。そもそも、『大衆の反逆』は日本の社会でも現実のものとなった、大衆社会の到来とそこに潜む大衆の質的変化の問題について扱ったものであったため、人々の興味を引いてきたのであろう。つまりは現状の社会問題に対する処方箋を探求するための受容が認知へとつながったという一面も否定できないのである。

このように、広範囲にわたるオルテガの思想は、一方で、大衆論のように社会学、哲学、そして思想の領域で深く受容されている場合もあれば、他方、先に挙げた様々な理由によって、浅い受容に留まっているものとに分けることができる。こうした日本におけるオルテガ思想の受容について、これまでの拙稿における分析(1)からその内容を少しずつ明らかとすることが可能となってきた。こうした中、いまだ浅い受容に留まってはいるものの、他の領域とは異なるかたちの受容が見受けられる領域に、オルテガの芸術思想がある。芸術の領域は日本における研究が他の領域に比べると進展しているとは言い難い。しかしながら、興味深いことにオルテガが芸術に関して著した作品は他の領域と比べて、意外に多く残されており、一見するとなぜ研究が進んでいないのかが疑問に思えるほどである。このことの要因は後に明らかになるものとして、まずはオルテガが芸術に関して書き残した作品について主たるものを挙げる。

まず、オルテガの芸術思想の中心となるものとして、「美術における視点について」(Sobre el punto de vista en las artes, 1924)、「芸術の非人間化」(La deshumanización del arte, 1925) を取り上げねばならないであろう。特に、後者は日本における受容において、その根幹をなすものであり、後に取り上げる研究者たちにとっても欠かすことのできない検討対象とされてきた。また、スペインが誇る偉大な画家について扱った、「ゴヤ論」(Goya, 1958)、「ベラスケス論」(Velázquez, 1959)もオルテガの芸術思想を検討する上で外すことのできない作品である。以上の四作品は、これまで幾度かの翻訳が重ねられ、その重要性から白水社によって出版されている『オルテガ著作集3』にも収められている。なお、オルテガが美術について扱った作品はこの他にも認められるが、本章では、日本におけるオルテガの芸術思想の受容を主題としているため、後に取り上げる研究者たちが主たる検討対象とした作品を扱うこととする。

それではこれらの作品を対象として、日本の研究者たちはどのようにオルテガの芸術思想と向き合ったのであろうか。以下、オルテガの芸術思想を受容した人々について、受容の出発点として池島重信、本格的な研究を開始した神吉敬三、そしてその他の研究者の三つの視点に分け、それぞれを順を追って取り上げることにより、受容の要因を考えていきたい。

2 芸術論の受容——池島重信

日本におけるオルテガの芸術思想の受容は、一九三三年にオルテガ研究が開始されてから程なくして池島重信[(2)]による翻訳から始められた。彼は一九三八年、四つのオルテガ著作の翻訳を一つにまとめた、『現代文化學序説』を刊行した。同書にはそれら四作品の内の一つとして「芸術の非人間化」が収められており、この翻訳が日本における同作品の最初の翻訳である。池島はこの刊行の前年に、『現代の課題』の翻訳書を出版しているが、その中ではすでにオルテガの理解が芸術の範囲にまで及んでいることを指摘している。

オルテガは歴史を決定したあらゆる芸術作品に対して行き届いた理解を示す一方、晦渋と言われているドイツの精神科学に対しても精密な知識をもっている。また深奥を誇る東洋思想への悟入があるかと思えば、感性の極致を誇るフランス文化に対する味解も容易に他の追随を許さぬものがある。しかもそこにはドイツの専門的偏狭と没趣味とを脱し、フランス風の精神的狭隘と遊戯性とを免れた自由闊達な精神が浸透している。(3)

このように、池島は各国の両極端な印象をもってオルテガを紹介することにより、国籍としてはスペイン人であれども、その中身は各国がもつ長所のみを兼ね備えた存在であることを述べている。また、芸術に関して言えばスペインをはじめ、どの国の芸術について理解を示しているか、その限定がなされていない。つまり、池島はその「理解」がスペインのみにとどまらないと捉えていたことがここからうかがえよう。こうしたオルテガがもつ、他分野に対する理解の幅広さは、池島の次なる翻訳書、『現代文化學序説』においても同様に紹介されている。

彼（オルテガ、筆者注）の博学は誰でも驚嘆するところで、（中略）この意味では、哲学の専門家、文藝の専門家、美術の専門家、音楽の専門家、政治の専門家等々、各文化領域の専門家のみあって、文化の全体的把握の達人の殆んど皆無と言ってよい日本の現在の思想界に、オルテガの著作はすくなからざる示唆を与えると信ずる。[4]

このように、「博学」との表現で形容されているオルテガは、「美術の専門家」をも内包する存在であることが述べられている。池島はオルテガ思想導入の初期段階における研究者として、日本におけるオルテガ思想の受容に最も貢献した人物であった。[5] しかしながら、彼は専らオルテガ作品の翻訳とオルテガ思想の根底にある哲学について、考察を展開した研究者であった。そのため、彼がオルテガの芸術思想について検討を進めたものは残されていない。つまり、オルテガの考察や理解が芸術の範囲にまで及んでいることを提示したものの、その中身については具体的な検討を行わなかったのである。池島以降、具体性をもってオルテガの芸術思想の受容が認められるのは、それから三十年ほど経た後のことである。しかしながら、池島が「『芸術の非人間化』は彼（オルテガ、筆者注）の芸術論に当るもの[6]」と述べて、オルテガの思想に芸術の領域が存在することを明らかとし、後にはじまる芸術領域の研究に、翻訳をもってその出発点を提供したことはこの分野における彼の功績と言える。

3 芸術論の受容——神吉敬三

オルテガの芸術思想はオルテガが持つ幅広い思想の分野の一つに過ぎない。しかしながら、日本においてその本格的な研究が開始されるには、池島が最初に受容してからずいぶんと時間を要した。その間、我が国においてオルテガの研究がなされなかったというわけではない。彼の主著、『大衆の反逆』をはじめ、様々なオルテガの著作が翻訳され、検討が加えられていた。ではなぜ、芸術の分野は受容に時間を要したのであろうか。ここでは、受容の要因に加えて、こうした点をオルテガの芸術思想研究における第一人者、神吉敬三を通して考えてみたい。

神吉はオルテガの芸術思想研究者、というより第一義的にはスペイン美術の専門家といった方がより一般的であろう。彼の紹介については元国立西洋美術館長の高階秀爾が追悼の意を込めて寄せたものが最も的を射ているのでそちらを引用する。

わが国におけるスペイン美術史の本格的な研究は、神吉さんから始まったと言ってよい。グレコ、ベラスケスからゴヤを経て、ピカソ、ミロにいたるまで、あるいはアルハンブラの壮麗な空間表現からガウディの豊饒な建築まで、スペイン美術のあらゆる領域において、神吉さんは多くの論文、翻訳、解説を精力的に発表し、困難な展覧会開催に忍耐強く取り組み、学会の論議には積極的に参加して、その後のスペイン美術研究への道を果敢に切り拓かれた。イベリア半島のみならず、メキシコの古代遺跡や、南米のバロック芸術に対しても、旺盛な知的好奇心を発揮して、熱心に研究を進めておられた。日本の切支丹美術研究に数々の貢献をなされたことも、忘れられない。(7)

このようにスペイン美術研究の発展に大きな足跡を残す神吉だが、その業績は何も美術分野だけに留まらない。神吉は高度なスペイン語力を駆使し、オルテガについても研究を進めた人物であった。それは彼がオルテガの『大衆の反逆』の翻訳を手がけたことからも理解され、また、オルテガの哲学を根底とした大衆論についても論文を著していることからも判断できよう。(8)スペイン美術研究者、大高保二郎が「真に学問的な水準でのスペイン美術史研究、とりわけスペイン語の文献を駆使しての本格的な紹介と研究は神吉先生が草分けであり、まさしくパイオニアであった」(9)と述べているが、このことはスペイン美術のみならず、オルテガ研究においても当てはまるのである。

さて、オルテガの芸術思想を提示した池島の後、初めてオルテガの芸術思想について本格的な研究を進めた神吉であったが、彼はなぜオルテガを受容したのであろうか。オルテガとの出会い、受容の出発点を辿ることはその要因を考える上で非常に重要な意味を持つ。すでに述べたように、神吉は大衆論を含めたオルテガの哲学とオルテガの美術思想の二つの領域について研究を残しているが、一見すると、哲学者、思想家としてのオルテガは他領域の存在であったはずである。この理由について神吉は、『大衆の反逆』の「あとがき」において次のように述べている。

私事に及んで恐縮だが、わたしがオルテガの著作に初めて接したのは、十年前、マドリードで学生生活を送っている時だった。その作品は彼の芸術論の一冊であったが、その後今日のスペインの哲学界が、事実上オルテガ左派とオルテガ右派から形成されているばかりでなく、若い世代の思考方法および表現形式にまでオルテガの強い影響が認められる事実を体験し、次第にわたしの専門外の分野に属する彼の著作も読むようになった。その中で最も感銘を受けた著作の一つがこの『大衆の反逆』である。(10)

こうして、最初は自らの専門である芸術分野に関するオルテガの著作に触れていた神吉は、次第にその対象を広げ、そうした中で『大衆の反逆』に出会ったのである。ここで神吉が芸術論の範囲に留まらず、オルテガの哲学、思想の領域へと歩みを進めた理由が重要であろう。それは、この文面にあるとおり、当時のスペインの学問状況、ならびに人々の知的活動に対するオルテガの影響は計り知れないものであったためである。こうした体感が神吉の知的好奇心をかきたてたのか、または単に好奇心という段階ではなく、必要性を認識させたのかは定かではない。しかしながら、神吉のオルテガ理解はその後、哲学、思想の部分を完全に網羅するにまで達していた。いや、もしかすればこれらに加えて、他の領域まで彼の理解は及んでいたのかもしれない。残念ながら、神吉はオルテガの思想、その全般に関する記述を残さなかったため、完全なるオルテガ理解へと辿り着いたかどうかは定かではない。だが、少なくとも、オルテガ思想のすべてが込められていると言って過言ではない、『大衆の反逆』におけるオルテガの思想については、完全なる理解に達していたことは間違いない。そして、これに加え、芸術の領域についても同様である。このことはオルテガの芸術思想を解説する、次なる文面から明らかである。

オルテガにとって、芸術もしくは美術そのものが思索の最終目標であったことは一度もなかった。率直にいって、オルテガの芸術論および芸術家の伝記は、より総括的な目標へ到達するための手段としての役割、より大きな体系の一断片としての位置を与えられているに過ぎない。結論的にいえば、すでに刊行された五巻の訳者たちによって解説されている彼の思想体系、つまり、「私は私と私の環境である」という根本命題に発する基本的現実としての私、生・理性、歴史理性、パースペクティブ、その他、社会、危機の理論等を実証する一例であり、理論構築のための素材なのである。[11]

このように、神吉はオルテガの哲学、思想を完全に理解した結果、オルテガにとっての芸術思想とは自らの哲学、思想を構成する、一断片に過ぎないことを認識するのである。つまり、オルテガの芸術思想とはあくまでも哲学、思想を基盤として、芸術を解釈し、そこから表出されるものを再び、哲学、思想の考察へと用いる、という一連の考察過程における部分的な存在に他ならない。こうしてみると、オルテガの思想における芸術の領域は、ともすれば一つの領域として検討を進める意味を持つのか、という疑念を持たれることになるだろう。しかし、神吉はこうした点について、明確に否定することを忘れない。

しかし、この事実は、彼のこうした分野（芸術論、筆者注）の著作の価値を下げるものではない。全体なき部分が無意味であるように、部分を欠く全体もまた不完全だからである。オルテガの芸術論と伝記は、彼の思想体系という緑に燃える壮大な森に欠かしえない一本の大樹であり、その茂みなのである。[12]

オルテガの芸術思想にふれることからはじまった神吉のオルテガ受容は、哲学、思想へとその対象を広げ、オルテガの思想体系とそれぞれの領域の関係性の理解へとつながるのであった。そうした中で、オルテガにとって芸術を考察することが最たる目的ではないことを認識する一方、オルテガの芸術思想が彼の思想体系を構成する上で、ささやかな一部分に過ぎないのではなく、むしろ欠かすことのできない、重要な意味を持つものとの認識に至るのである。そして、神吉はここにスペイン芸術を理解する上で、オルテガの芸術思想が果たす有用性を感じたのではないだろうか。よく知られているように、オルテガの哲学、思想は歴史と社会に対する徹底した考察を基にして緻密に組み上げられている。すなわち、オルテガの芸術思想が、歴史と社会を徹底して考察したオルテガ思想全体の一部分を構成するのであれば、それは同時に歴史と社会の精査を経たものとなる。芸術が人間によって生み出され、歴史と社会を映す鏡である以上、オルテガの芸術思想はスペイン芸術を考察する上で、欠かすことのできない重要な意義を持つことになる。事実、神吉はスペイン美術に関する著作や解説などにおいて度々、オルテガを用いている。このことについて、先に挙げた大高は次のように述べている。

本選集をあらためて読み返してみる時、「スペイン人とは何か」、その生と死をめぐっての根源的な問いかけと、先生のスペイン美術に対する情熱がよみがえってくる。その意味では、様式論や図像学で緻密に構築する、いわゆる美術史論集ではなかろう。とはいえ、たとえばエル・グレコ、ピカソなどの一作一作の絵の成立には、ヨーロッパはもとよりイスラムや東方的世界からの多彩なスタイルやモティーフが微妙に絡まりあう一方で、それ以上に、その時代、その社会の〝生（la vida）〟のあり様が作品の存立基盤を決定づけている。しばしば引用、また言及されるオルテガやウナムーノの哲学や思想はスペイン美術の考察においては、無視できないのである。そのことは、幅広い仕事ぶりの業績リストからも明らかで、先生の美術論は偏狭な学問主義に収まるものではない(13)。

さて、ここまで論を進めてくると、池島がオルテガの芸術思想を提示した後、他の領域と比べて、本格的な受容に多くの時間を要した理由が明らかとなったのではないだろうか。神吉がオルテガの芸術思想を受容の契機として、オルテガの哲学、思想へとその理解を深めたように、オルテガの芸術思想は単に芸術という枠組みで捉えようとしても、その実は哲学、思想が根底に横たわっている。つまり、オルテガの思想は芸術の領域と言えども、哲学、思想と切り離されたものではない。そればかりか、一体を成すものであるが故に、オルテガによって厳格な考察が幾度となく加えられ、思想として汎用性を持つのである。こうしたことから、オルテガの芸術思想はオルテガの哲学、思想への理解を必然的に要求するのである。

4 芸術論の受容――その他の研究者

ここまでオルテガの芸術思想について、池島と神吉の受容を検討してきたが、最後に両者以外の研究者たちの受容について主だったものを取り上げ、その特質を検討してみたい。

すでに見たとおり、神吉はオルテガの思想について、芸術論の領域に加え、哲学、思想の領域にまで丹念な検討を行い、オルテガの思想研究のみならず、スペイン芸術についても多大な足跡を残した。しかし、神吉がオルテガの芸術論をまとめた翻訳集、『オルテガ著作集3』を世に送り出したのとほぼ同時期、オルテガの芸術思想とスペイン芸術に関する論文を著した人物がいた。それはロシア美術を専門とする研究者、山田幸平である。彼の「オルテガとスペイン芸術」と題する論文では、「ピカソやダリやミロなど、二十世紀に、スペインが送り出した近代芸術の前衛たちと共に、オルテガの思想は、透明にスペインの風土を映し出している[14]」と述べられているように、オルテガの思想は何も芸術の領域にのみ限定されているものではなく、社会全体に批判、検討を加える幅広いものとしてとらえられている。そしてその根底には、山田がオルテガについて、「つねに自己の生命の流れと理性の働きを無媒介に、生即理性として裸のまま自然の前に置くことを念願している[15]」、と述べているように、オルテガの生理性哲学の存在が認められるのである。こうして、山田が神吉と同様、オルテガの芸術思想を考察する上で、オルテガの哲学、思想にまで理解を進めたことがうかがい知ることができる。だが、山田はこの論文以外にオルテガを考察することがなかったため、彼がオルテガの思想を「きわめて洗練された哲学的思惟[16]」と捉えていたものの、どの程度、オルテガの哲学、思想について研究を進めていたかは明らかとなってはいない。

さて、最後に、神吉や山田とは対照的なかたちとしてのオルテガの芸術思想の受容について挙げておく。遠藤恒雄はベラスケスを考察対象とした論文[17]において、オルテガの「ベラスケス論」を部分的に参考としながらテーマの検討を進めた。また、ドイツ語圏を中心とする美学理論の研究者、小田部胤久は人間的芸術が辿った軌跡を考察する上で、オルテガの「芸術の非人間化」について、その中で展開されているオルテガの議論の意義と問題点を検討した。このように、両者においては、オルテガの芸術思想そのものが設定した主題の考察に必要であったため、オルテガの哲学、思想についてまで研究を進めることはなかった。こうしたことはオルテガの芸術思想の受容の一つの形とは言えるが、神吉らとは違い、オルテガの芸術思想の領域とオルテガのの領域とを切り離したかたちとしての受容であることが指摘できるだろう。

本章では、哲学、思想といった分野に留まらず、多領域にまで広がりを持ったオルテガ思想のうち、特に芸術論の領域における受容に焦点を絞り、彼の思想が日本の研究者たちにどう受け入れられたかについて検討を行ってきた。最後にこの過程で明らかとなった点について指摘を行い、本章の結論に代える。

すでに見たとおり、オルテガは芸術の領域に関しても思索を重ね、その思想を書き遺した人物であった。「芸術の非人間化」を初めとする一連の書物は彼の芸術思想を探るべく、後の研究者たちにとって重要な意味を持った。しかし、こうした作品の導入に力を尽くし、オルテガの芸術思想研究の出発点をつくったのは、本来、美術の領域とは無縁の池島であった。池島は日本にオルテガの思想が導入された初期段階から、オルテガの考察や理解が芸術の範囲にまで及んでいることを提示したものの、その中身について具体的な検討を行うことはなかった。

池島以降、初めてオルテガの芸術思想について本格的な研究を展開したのは、日本におけるスペイン美術研究の第一人者、神吉であった。彼はスペインにおけるオルテガの影響の大きさを認識すると、芸術の領域に留まることなく、オルテガの哲学、思想へとその理解を進めていった。その結果、オルテガの芸術思想とはあくまでも哲学、思想を基盤として芸術を解釈し、そこから表出されるものを再び、哲学、思想の考察へと用いる、という一連の考察過程における部分的な存在に他ならないという理解に達するのである。とはいえ、オルテガの芸術思想が彼の思想体系を構成する上で、ささやかな一部分に過ぎないのではなく、むしろ欠かすことのできない、重要な意味を持つことも理解していた。

このように、神吉はオルテガの芸術思想とオルテガの哲学、思想との一体性を提示したが、同様の認識は山田にもあったことが彼の論文を通して理解されよう。一方、神吉や山田とは異なり、遠藤や小田部のようにオルテガの芸術思想のみを扱う研究者も確認された。彼らはオルテガの哲学、思想について研究を進めることはなかったため、ここにオルテガの芸術思想とオルテガの哲学、思想とを切り離した形としての受容を認めることができる。

総じて、オルテガの思想は芸術の領域といえども、哲学、思想と切り離されたものではなく、それればかりか、一体を成すものであることが明らかとなった。そのため、オルテガの芸術思想を突き詰めて検討することはオルテガの哲学、思想への理解を必然的に要求するのである。このことがオルテガの芸術分野における受容の進展と大きく関係しているのではないだろうか。

注

（1）オルテガ思想の導入史としての観点からの研究は本書第一章から第五章までを参照されたい。
（2）池島の著作について、本論考の引用に際しては、旧仮名遣い、旧字体はそれぞれ新仮名遣い、新字体に改めた。
（3）池島重信訳『現代の課題』、二頁。
（4）池島重信『現代文化学序説』、二―三頁。
（5）池島に関するオルテガ思想の受容については特に、本書第一章を参照されたい。
（6）池島重信『現代文化学序説』、四頁。
（7）神吉敬三『巨匠たちのスペイン』、三頁。
（8）神吉敬三「超近代の思想家オルテガ（危機の思想家四）」を参照のこと。
（9）神吉敬三『巨匠たちのスペイン』、四八四頁。
（10）神吉敬三訳『大衆の反逆』、二七七頁。
（11）神吉敬三編訳『オルテガ著作集三』、三五八―三五九頁。
（12）同上、三五九頁。
（13）神吉敬三『巨匠たちのスペイン』、四八五頁。
（14）山田幸平、「オルテガとスペイン芸術――世界芸術論の焦点二」、八〇頁。
（15）同上、七九頁。

（16）同上、七六頁。
（17）遠藤恒雄「ベラスケス初期作品の一考察——ボデゴネス絵画の意義」。

参考文献

遠藤恒雄「ベラスケス初期作品の一考察——ボデゴネス絵画の意義」『美學』二一（二）、一九七〇年、二一—四七頁
神吉敬三「超近代の思想家 オルテガ（危機の思想家4）」『自由』一二（九）、一九七〇年、一二二—一三〇頁
——『巨匠たちのスペイン』毎日新聞社、一九九七年
木下智統「日本におけるオルテガ思想の初期受容——その過程と要因に関する一考察」『金城学院大学論集』社会科学編九（一）、二〇一二年、一三〇—一三九頁
——「オルテガ研究の深化と細分化」『金城学院大学論集』社会科学編一一（一）、二〇一四年、五五—六三頁
オルテガ、J、池島重信訳『現代の課題』刀江書院、一九三七年
——、池島重信訳「現代の課題」「芸術の非人間化」「小説の考察」「知性の改造」『現代文化學序説　現代思想全書一五』三笠書房、一九三八年
——、神吉敬三編訳「芸術における視点について」「芸術の非人間化」「ベラスケス論」「ゴヤ論」『オルテガ著作集三』白水社、一九七〇年
——、神吉敬三訳『大衆の反逆』筑摩書房、一九九五年
小田部胤久「人間的芸術の行方——二十世紀前半における芸術終焉論の一変奏」『美学藝術学研究』二〇、二〇〇二年、一一三—一五四頁

山田幸平「オルテガとスペイン芸術――世界芸術論の焦点 二」『三彩』一九六、一九六六年、七六―八〇頁

第八章　高等教育とオルテガ

1　高等教育をめぐって

一九三〇年、オルテガは後に自身の主著となる『大衆の反逆』（*La rebelión de las masas*）を刊行、次いで、『大学の使命』（*Misión de la Universidad*）を世に送り出した。『大衆の反逆』と比較すれば、同書の知名度は一般的に見て、決して高くはない。しかしそれは、『大衆の反逆』があまりに多くの人々を理解と誤解も含めて、引きつけてしまった結果であり、『大学の使命』自体は高等教育に携わる人々にとって一定の知名度を有してきた。なお、ここで「高等教育に携わる」と限定しなくてはならないのは、オルテガの大学論が、『大衆の反逆』で展開されたような社会変化を考察の中心に据えていないためである。そのため、広く一般の人々にとって、自らの視線の範囲で起きている問題を扱っている感覚に乏しい。また、社会が大学に対して厳しい視線を向ける風潮にある時期は限られている。多くの場合、大学は高等教育機関であって、社会とは一線を画し、一般の人々が容易に議論の対象にできる存在ではない上、議論に臨めるだけの知識と情報を有していない。そのため、社会が大学に対して厳しい視線を向ける風潮にある時期においても、その糾弾の矛先は上辺を触れる程度に留まらざるを得ない。真に核心を突く糾弾は、その内情を知っていなければ不可能である。このように、オルテガの大学論は受容する対象と時期が『大衆の反逆』と比べれば、ある一定程度、限定される性格を持っていると言える。

さて、オルテガの大学論に関する受容[1]を考察する上で、まずは『大学の使命』について、彼の主著と若干の比較を行ったが、オルテガの思想領域という枠組みからみた場合、大学論に関する受容はどのような特質を持ったものであろうか。

オルテガの思想が実に多領域にわたっていることは広く知られているところである。これは白水社から出版されている、『オルテガ著作集』で扱われているテーマを一瞥しただけでも、容易に理解されることだろう。そうした幅広い思想領域について、主要なものを取り上げるとすれば、それらは哲学、思想に始まり、歴史学、社会学、芸術、文学、倫理学、そして本章のテーマである、大学論にまで及ぶ。こうした思想領域のそれぞれが日本において、等しく認知、受容されているわけではない。だが、その程度に差はあれども、オルテガが受容されてから九十年という歳月を超えた今、大半の分野で研究が進展、または発展を遂げていると言ってよい。[2]そうした中、大学論に関する受容は一九五三年に廣瀬京一郎の論文[3]によって始まった。これはまだオルテガの名が広く知られているとは言い難い、受容の初期段階であり、『大衆の反逆』の翻訳が最初に刊行されたのと同年である。その後、一九六八年には『大学の使命』の最初の翻訳が井上正によって行われ、ここからオルテガの大学論は急速な受容の進展を見せていくこととなり、現在に至るまで研究成果が発表されている。このように、大学論に関する受容は、彼の思想の受容が開始する初期の段階から始められ、オルテガ思想受容の主要な領域の一つを構成するばかりでなく、オルテガ思想の幅広さを明示するものとなっている。

本章は、こうした大学論におけるオルテガ思想の受容について、まず、背景となる「時代」の検討を行い、次に、その結果を基に、大学論について研究を進めた人々の著作を時系列に沿って検討する。そして、個別の受容について、さらに詳細な検討を行うことにより、大学論におけるオルテガ思想受容の要因と特質を浮き彫りとすることを目的としている。

2　戦後の大学教育

オルテガの大学論の受容を考察するために、その前提として、戦後の日本の高等教育制度の変遷とそこに内在した問題点について、「新制大学」、「一般教育」、そして「大学紛争」の三つのキーワードを通して、整理しておきたい。

一九四六年、アメリカ教育使節団は終戦後、占領下に置いていた日本の高等教育制度に関する報告書を占領軍総司令部に提出している。その中では、日本の高等教育制度の問題点として、専門科目への極端な偏向教育が指摘され、その是正が強く求められた(4)。これを受けて、一九四八年、日本政府は「新制国立大学実施要項」を策定し、同報告書の要望に応えた。この時、取り入れられたものが、先の偏向教育を是正する意味での「一般教育」の重視である。同年、上智大学や関西学院大学などの一部の私立大学は、いち早く新たな制度へと転換したが、国立大学は新制度への移行に様々な難題が続出したため、それまでの高等教育機関の整理、統合を行い、翌年の一九四九年に六十九の大学が新たな国立大学として発足した(5)。これ以後、それまでの制度の下で設置された大学との区別から、「新制大学(6)」と称されるが、こうした新制度への移行は大学の理念、そのものを根本的に変えてしまうものでもあった。この点については、生和秀敏(7)の指摘が簡潔、明瞭のため引用する。

旧制度の大学の理念であった「大学は、高等の学術技芸を教授研究することを目的とする」というフンボルト型大学から、「大学は、学術の中心として、広く知識を授けるとともに、深く専門の学芸を教授研究し、知的、道徳的、応用的能力を展開させることを目的とする」といった一般教育を重視する米国型大学へと大きくかわっていった(8)。

以上のように、終戦から数年のうちに行われた日本の高等教育改革は、アメリカの影響が色濃く反映された形となった。端的に言って、エリート教育から大衆教育への転換は画期的なことではあったが、アメリカの影響を受け入れたことに限定して言えば、このことは日本の教育にとって革新的なことではなかった。村井実[9]によれば、一八七二年、明治維新初期に公布された、我が国の近代学校制度の礎となった法令も当時のアメリカの考え方から刺激を受けているため、アメリカからスタートし、アメリカから離れ、再度、アメリカに戻ったことになる[10]。つまり、新制度は、原点への立ち返りと言うべき一面を持っている。

さて、新制度の移行に関して、最後に一つ、要点を確認しておきたい。それは日本人がどのような想いでアメリカの影響が色濃い新制度を受け入れたのかという点である。新制度下の大学が意欲的に発展を遂げるかを左右する重要な点であったと言える。また、後の一般教育をめぐる問題を考える上で、誤解を生じさせかねないので、先に整理が必要である。そもそも、原点回帰といえども、半世紀をとうに過ぎてしまっているため、そこに懐古の情を持つことは困難である。また、何にも増して、影響の源泉は戦勝国の思想である。ともすれば、「強要された」との想いから湧き上がる嫌悪の感情を想像してもおかしくはないだろう。この点について、村井は次のように述べている。

アメリカ教育使節団の報告書が公表されました時に、私たち大学関係者の受けました感動といいましようか、それは実に大きかったといわれています。涙を流して読んだ、という方々も、いかにもあの当時多かったということです。それは、それまでの日本の教育のあり方を考えまして、当然であったといえましょう。これで、いよいよ、何か本当に、自由、自治、或いは、本当の意味で充実した研究、とにかくそういったものが、実現できるという期待を、皆がもったからだと思います[11]。

村井の言葉からは二つのことが理解されよう。一つはアメリカに対して負の感情がなかった点である。この点は先ほど述べたように、一般教育をめぐる問題を考える上で重要である。アメリカに対する反感が確認できないとすれば、この後、一般教育がうまく機能しない場合は、その原因を他に求めなくてはならないからだ。もう一つは「何か本当に、自由、自治、或いは、本当の意味で充実した研究」と述べられているように、既存の制度の限界、もしくは矛盾などにより、行き詰まりを感じていたことがうかがえる点である。無論、彼の言葉がすべての大学関係者の想いを代弁したものであるとは断定できない。だが、彼の回顧録に続けて述べられている文部大臣の言葉[12]などから察するに、既存の制度がもたらしていた閉塞感とも言うべき大きな障壁を打ち砕く、強い期待が新制度にはかけられていたことが分かる。こうした想いを持った人々がその後の新制度の下、大学の意欲的な発展を志向して改革に取り組んだ。言うまでもなく、新制度とは旧制度からの転換であり、大変な労力を要するものであっただろう。増してや、理念的に大幅な変更があったとなれば、それは原点からの見直しを意味するため、なおさらのことである。

では次に、新制大学における一般教育について整理しておこう。

端的に言って、新制大学下での一般教育はうまく機能しなかった。教育の現場にいた人々の中には、「新制大学で一般教育は結局全く失敗してしまった」[13]、とさえ述べている人もいる。高い理念を掲げ、人々の期待を集めた高等教育の大転換、「一般教育の重視」はなぜ水泡に帰したのか。

生和によれば、その原因は、まず、一般教育重視という国が掲げた目標に対して、それに見合っただけの十分な投資が行われなかったことに求められる。このことだけであれば、制度設計の不備であるが、問題はそれだけではない。実際の教育の現場である、新制大学において、依然としてまだ専門指向的態度が根強く、一般教育はその専門教育の基礎教育として位置付けられていたことにも起因しているという[14]。つまり、大学を所管する文部省、制度運用の現場である大学、それぞれに問題があったことになる。このように見ると、新制大学の設置に際し、「旧制度に馴染んでいた大学関係者や文部省にとって、十分に理解されないまま、半ば強制的に新しい制度への移行が行われた」[15]という一面が問題の出発点であろう。無論、他にも「一般教育が、戦後改革の中でアメリカ流儀の直輸入だったこと、日本の大学が近視眼的実利性に貫かれて「教養」の追究が十分に行われていないこと」[16]を指摘する向きもあり、多面的な要因がそこには見受けられる。

さて、新制大学において、依然としてまだ専門指向的態度が根強く、一般教育はその専門教育の基礎教育として位置付けられていたことについて、もう少し考えてみたい。そもそもこのことは、換言すれば、旧制度への固執と言えなくもない。しかしこれでは、先に見た、新制度へ転換する際に人々が抱いた理念と期待に対して矛盾することになる。当然ながら、すべての人が新制大学の設立を歓迎したわけではなかったとしても、一般教育が形骸化したことの理由が旧制度の固執にあれば、相当な数の人々が新制度を歓迎しなかったことにつながるからだ。この点について、村井の言葉をたどっていくと旧制度への固執は、ある別の一面を浮き彫りにする。それは、本当の意味で一般教育を教えることができない、という現実である。村井によれば、新制大学に移行する以前の伝統的な学問観とは、外国から新しい知識を輸入し、それを学生に情報として伝えることであり、これが大学教員の役割であった[17]。つまり、伝達の役割を果たすものとしての教員であり、学問するものとしての教員ではなかった。そして、この伝統を受け継いだまま[18]、新制大学へと移行してしまったことが根本的な問題であったというのである。専門科目への固執とは、ひとえに一般科目に対する否定からくるものではなく、本当の意味で一般教育を教えることができない教員によってもたらされた、ある種、当然の帰結であった[19]。「私自身のひとつの自己反省、本当に痛切な意味での自己反省[20]」との心境の下、村井が語った言葉を引用しておく。

今や、大学でせっかく一般教養を積むということになりましても、ほとんど専門的知識の入門みたいなもので、ほんものの一般教育とはそんなものじゃないんじゃないかということを、教師も学生も誰もがかんがえているわけです。（中略）それでは、本当の一般教育というものの理念には応えることはできないという気がいたします。やっぱり、根本的に、私たちの学問に対する姿勢の変換が要求されている。始めから要求されていたということじゃないでしょうか。ですけれども、それに応えようとする以前に、私たちは、一般教育というものを、ただ技術的に処理しようということに心をうばわれてきていた、ということになるのかもしれません。（中略）私は、私どもが皆、戦後の新制大学に関わってきたものとして、共通に共感しうることではないかとも思っています。そして、本当に、これじゃあ、新制大学というのはうまくいかなかったのも無理はないのかなあということを、改めて考えるのです。つまり戦前からの変わらない考え方のパターンを持ち続けてきている限りは、新制大学とはいっても、そういうことにならないわけだという気がいたします。(21)

一般教育をめぐる問題の最後に、村井が一般教育の重要性を一切、否定していないことを指摘しておきたい。彼はむしろ、「平和的な民主的な国家の繁栄を支える、高い能力の市民を育てるということで一般教育が行われなければならない」(22)と述べ、完全にその必要性を認めている。だが、先の引用では、その教育方法に適切な答えが見つけられなかったことを悔悛の情を込めて述べているのだ。

以上のように一般教育をめぐる問題は、新制大学への移行という制度面ばかりが急がれたのに対して、それに対応しきれなかった現場、という一見すると制度や組織の改編によくありがちな構図に見える。だが、その実は戦前まで続いてきた日本の伝統的な教育制度の転換に際し、新たな理念に対応することができず、辛苦を重ねた教員の現実に他ならない。しかしながら、教育現場において新制度の下、苦しみや迷いを抱いていたのは教員だけではなかった。無論、そうした教員と対峙する学生も同様であった。そうした学生の想いは、「時代」という導き手により、大学紛争へとつながっていくのである。

ではここからは一九六〇年代末に起こった、大学紛争について整理しておきたい。

日本では敗戦直後から、たびたび大規模な学生運動が展開されてきたが、そうしたものは政治的な問題や経済的な問題を対象としていた。その後、パリにおける学生運動の影響によって、日本においても大学の在り方を対象として学生運動が展開されるようになった。この点はそれまでの学生運動との大きな違いであった。そして、学生運動は闘争という名目の下、学内施設の占拠、バリケード封鎖といった数と力による暴力の連鎖へと発展していき、大学を舞台とした紛争へと変質した。こうした事態について、生和は、「バリケード封鎖にまで及んだ学生の不満と不信は、具体的な個々の項目の解決よりも、必要な改革・改善を自らの手で行おうとしなかった大学の体質に向けられたものであり、自らの青春を送る大学への失望と学問の理念への疑惑の反映であった[23]」と大学紛争の原因について指摘している。また大崎仁[24]は、旧来の教授会を中心とする大学自治、大学運営というものに対する批判という点で、学生だけではなく、社会一般も不信感を持っていたと述べている[25]。新制大学が設置されてから約二十年、変化の激しい時代にあってもなお、大学が自らを変えようと試みなかったことに学生だけでなく、社会一般までもが大学に対して厳しい視線を向けたのであった。

だが、そうした事態に大学もようやく自ら改革の意思を持ち、多くの大学で改革の理念、方向性が検討されるようになった。大学紛争は大学の自浄努力を促す契機となったのである。また、文部省も紛争を受けて、高等教育改革の検討を行った。しかし、パリにおける学生運動がフランスにおける高等教育の大改革につながったのとは異なり、日本では構造的な改革は行われなかった[26]。すなわち、文部省はそれぞれの大学の自主的な改革を後押しするという政策を採り、抜本的な改革については一部では議論されたものの、現実的な実現の可能性からそうした議論を見送った。こうした文部省の姿勢と同じく、多くの大学では活発な議論を展開した後、実際の行動に移す段階になると、急速にその機運が衰退していった。大学紛争は、学生、社会から変革の必要性を突きつけられた大学が、ようやくその重い腰を上げるきっかけとなったものの、実際の改革にまで結びつくことは極めてまれであった[27]。

ここまで、新制大学、一般教育、そして大学紛争の三つのキーワードを通して、大学と大学を取り巻く環境についてたどってきた。戦後、新しい理念の下に再建された日本の高等教育は、戦前の教育理念との摩擦による停滞や社会変化への対応力不足による停滞といった事態に直面し、こうした状況が大学紛争の一因となったことが確認されたであろう。

最後に、その後の教育改革について、簡潔に添えておきたい。

大崎が「紛争後十年間というのが改革の時代[28]」と述べているように、大学紛争は、文部省や各大学のそれぞれが大学の理念やその在り方を議論する重要な契機となった。無論、こうした議論は新制大学へと移行した段階から、断続的に行われてきたものであったが、一九七〇年代は大学紛争の影響によって、特に熱を帯びた時期となった。しかし、こうした議論は一九八四年以降、政府主導によってはじまった抜本的な教育改革によって、徐々に姿を消すことになる。各大学は自らの理念や在り方について議論するのではなく、国や文部省が定めた政策に対応するために、議論を重ねていくという姿へと変貌した。そうした姿勢に拍車をかけたのが補助金などによる「誘導措置[29]」であった。こうして、大学紛争後の一九七〇年代に活発な議論を展開しても、実際の改革にまで結びつけることができなかった大学は、文部省による主導の下、改革に取り組んでいくことになった。こうした抜本的な変化は、現在にまで及んでいる。

3 大学論の受容と展開

ここまでオルテガの大学論に関する受容を検討する上で、その前提となる日本の大学をめぐる問題についてたどってきた。ここからは、こうした前提を基に、オルテガの大学論に関する翻訳、および研究論文などの時系列的な検討を行うことで、オルテガ思想の受容の特質について浮き彫りとしたい。

オルテガの大学論の受容について検討する上で、一つの分岐点となるのは、一九六八年に井上正によって刊行された『大学の使命』の翻訳である。これは日本語でオルテガの大学論に接することのできる最初の翻訳であると同時に、書籍として現在に至るまで唯一[30]、刊行されているものである。

なお、井上の翻訳が登場する以前、オルテガの大学論は英語、またはドイツ語による翻訳を基にしてその検討が行われていた。これはスペイン語の原典が入手困難であったことと、そもそもドイツやアメリカの学問を特に尊重する傾向にあった日本においては、スペイン語圏の学問について研究する人々が圧倒的に少なかったことがその主たる理由として挙げられる。いずれにせよ、日本語によるアプローチが可能ではなかったことから、オルテガの大学論に接する人々は限定されていたことになる。

こうした中、一九五三年には、廣瀬京一郎がオルテガの大学論に関する日本で初めての論文を著した。また、一年を置いて、一九五五年には、笠信太郎もオルテガの大学論について検討を行っている。両者が行った考察では、その批判対象に明確な相違が見られる。後に詳述するが、廣瀬はオルテガの大学論を基にして日本の新制度移行後の大学における教育現状を批判した。ただし、問題は新制度へと移行したために起きたのではなく、新制度への移行に順応しない教員によって引き起こされたものであった。つまり、新制大学において重視されるようになった、一般教育をめぐる問題への批判が廣瀬の論文の主題となっている。

一方、笠においては、日本人の教養に対する姿勢が批判の対象となっており、オルテガの大学論は、教養の概念を検討する過程で用いられている[31]。彼は、専門主義に偏らない、バランスの取れた知識こそが教養であり、そして教養とは「人間そのものの高さ[32]」を示すとの見解を述べている。すなわち、幅広い知識を豊かに持つことが教養であり、そうした教養を持った人こそが高い人格を持つとの発想である。彼は論文の最後の一節で、「人間の高さに関する価値評価の転換は、この敗戦の深刻な教訓を経た後も、まだ出来ていないようである[33]」と述べている。これは、戦前、そして敗戦を経験した後になっても、日本人がこうした高い人格を持つ人間を尊ばないことへの批判であった。

ここまで廣瀬と笠の批判対象について簡潔に整理してきたが、時代背景を含めて考えてみれば、直接的な批判対象に相違はあっても、論文を著した真意は共通したものであったことは間違いない。両者が論文を著した一九五〇年代はまさに戦後復興の真っ只中であり、将来に向けて日本はどう歩むべきかが問われていた時期でもある。そうした状況で著された両者の論文は、教養の重要性を説く点で共通しており、いかにして日本人の教養を高めるかという問題意識を抱いていたことが推察される。そして、この問題意識が当時、ヨーロッパのすぐれた思想家としてその評価を高めていた[34]、オルテガの受容へとつながるのである。このように、廣瀬と笠のオルテガ思想の受容には、戦後復興期という時代背景が密接に関わっている。

さて、廣瀬と笠の後は数年間、オルテガの大学論に関する出版は行われなかった。この間、すでに検討した通り、新制度への移行は当初の理念通りには進まず、新制大学は混乱の最中にあった。一九六一年、松阪佐一は新制大学における理念について、オルテガの大学論を通して考察する論文を著した。その意図は、「こんにちの新制大学における混乱[35]」と松坂が当時の状況を述べているように、混乱した大学に解決の道筋を提示するべく、検討を進めたものであった。なお、オルテガ思想の受容という観点からみれば、この論文は、オルテガの大学論が新制度へと移行した大学の理念を検討する上で用いられた最初の例である。

井上の翻訳以前にオルテガの大学論を取り上げた者は、およそ十五年の間、以上の三名に限定され、松阪の論文以降、井上の翻訳が出版されるまで、オルテガに関する研究は発表されなかった。一方、教育の現場では、新しい制度と旧い制度をめぐって教員による駆け引きが行われ、一般教育は形骸化していった。こうした状況から、旧い制度、つまりはかつての専門主義へと回帰する向きもあった[36]。

一九六八年、井上は『大学の使命』の翻訳に、オルテガの思想に関する解説、および他国における大学論の現状について検討した部分を加え、出版を行った。これは、オルテガの大学論への理解を促すため、また、日本における大学論の検討のため、翻訳に付け加えられた[37]。

それまで、他言語を介したかたちでしかオルテガの大学論に触れることができなかった状況から、ようやく日本語で原典に触れられるようになったという意味において、このことは大きな分岐点となった。以後、オルテガの大学論の検討では、井上の翻訳が参考にされるようになる。なお、井上が大学をめぐる議論が盛んに行われた時期に翻訳を出版したことは偶然の一致ではない。井上が、「これからの大学の理念と使命は何であり、何であらねばならないか、の理念的問題の考察[38]」を「依然われわれは問い続けてゆかねばならない[39]」と述べているように、彼自身、自らに課された問題として大学をめぐる議論に向き合っていた。『大学の使命』はそうした井上が「われわれの大学論議に役立つもの[40]」として出版したものであった。

一九六九年には、日本におけるオルテガ研究の第一人者、アンセルモ・マタイスがオルテガの大学論について、その思想面も含め、詳細な解説を行った。大学紛争によって、大学も社会もますます混乱したこの時期にあって、マタイスの出版目的は明確であった。彼は、「今日、学園紛争が各所で起り、大学が大きく揺れ動いている中で、新しい大学のヴィジョンの必要性が強く叫ばれている。このような状況下で、オルテガの大学論は、新しい大学のヴィジョンの創造にいくつかの示唆を与えてくれるであろう[41]」と述べている。すなわち、彼は、現状の大学をめぐる問題に対し、その在り方や改革の方向性を探る一つの道標として、オルテガの大学論を社会に提示したのであった。これは、先の井上と同様の視点である。このように、大学紛争は大学をめぐる議論に拍車をかけ、そうした中でオルテガの大学論が受容されていったのであった。なお、マタイスは一九七三年にも、オルテガの大学論について触れている[42]。

さて、大学紛争自体は一応の解決を見せるものの、大学をめぐる議論は一九七〇年代に入っても盛んに行われた。だが、大学論におけるオルテガの受容は、その方向性に変化が見られるようになる。

一九七五年、早坂忠博はオルテガの大学論について詳細な分析を行った。彼は「オルテガの大学論が、大衆の蜂起という社会把握を背景にして、というよりはこの社会認識の中で、考えられている[43]」との観点から、オルテガの大学論をオルテガ思想との関連性において考察している。オルテガ思想の一体性を分析するこうしたテーマ設定は、井上やマタイスにおいても、その幅広さに違いはあれども行われている。そのため、先に変化と述べたものはこうした考察内容を指すものではない。変化とは、それまでの論文の目的が戦後社会の発展や大学をめぐる議論への何らかの貢献を目的としたものであったのに対し、早坂の論文ではそうした目的意識を文面から拾うことができない点にある。これはオルテガの大学論が議論のための一つのアイデアとして提示された段階から、学術的な研究の対象へとその歩みを進めたといえる。

一九七七年から一九八〇年にかけては、今村温之が「オルテガの大学論」と題する、三本の論文で、『大学の使命』の要約、およびオルテガの大学論について検討を行った。これらは、オルテガの大学論がオルテガの思想において、どのような結びつきを持っているかを明らかにする試みであった。そうした検討の結果、彼は、オルテガの大学論とオルテガの世代論との論理的な連関を指摘し、オルテガの大学論が体系的な思想の下に、構成されていることを明示したのである。こうした今村の研究は、オルテガの大学論を学術的な研究対象として扱っているという点で早坂と共通している。すなわち、今村においてもオルテガの大学論は大学をめぐる議論の検討を目的として受容されたものではない。なお、今村はこれらの他にも、上記の期間において、オルテガの一般教育理論についても検討を行っている[44]。

一九八二年、木庭宏が『大学の使命』の翻訳を行った。彼は、オルテガの大学論について、「訳書が入手の難しいものであること、そのせいか当論も一般にあまり知られていない[45]」と述べている。これは、当時、井上の翻訳が出版社の倒産により、絶版となっていたことを指しての記述であろう。この翻訳は書籍としては刊行されなかったものの、原典への接近を再度、可能とした点において意義深いものであった。

オルテガの大学論に関する出版は木庭の翻訳以降、十年以上、間が空くことになる。そして、一九九六年、井上の絶版となっていた翻訳が再び、喜多村和之の尽力によって再刊された。彼は井上と同じく、広島大学に在籍し、井上と面識はなかったものの、一九六〇年代後半に『大学の使命』を目にしていた。こうした縁が再刊への契機となったのであろう。なお、井上はこの時すでに他界している。喜多村はあとがきにおいて、「われわれは二十一世紀が必要とする大学論を何としてもうちたてる必要性に迫られている[46]」との問題意識の下、『大学の使命』を再読し、その真価に気付いたと述べている。二十一世紀という時代としての区切りにおいてオルテガの大学論は再び、世に送り出されるのであった。だが、井上の翻訳が再刊されて以降、オルテガの大学論に関する出版はわずか数点に留まっている。例えば、二〇〇一年に小澤喬がオルテガの教養の概念について検討を行い[47]、二〇〇七年には黒川洋行がオルテガとヤスパースとの大学論比較を行った[48]。だが、いずれの研究も過去に同様のテーマが取り上げられており、学術的な研究として際立った目新しさを見出すことは困難である。これは、オルテガの大学論に関する検討が一応の終着点にまで到達したことを示している。

以上までの一連の流れを通してみれば、大学が理念や在り方を模索する時代から国の政策に沿って動く大学へと移り変わる中で、大学論に関するオルテガの思想は大学の現場が自ら思考する時期に受容されたことが明らかとなったであろう。すなわち、大学論におけるオルテガ思想の受容は、戦後の大学をめぐる議論との関係において進展したのである。

4 廣瀬京一郎における受容

ここからは、時代背景によるオルテガ思想の受容の検討に加えて、個別の研究者について検討を行っていきたい。ここで対象とするのは、オルテガの大学論を最初に扱った廣瀬京一郎である。それでは、廣瀬におけるオルテガ思想の受容の要因について、彼の論文を基に進めていこう。

一九五三年、廣瀬京一郎はオルテガの大学論に関する日本で初めての論文を著した。「現代文明の危機と大学の使命」と題するこの論文では、オルテガが提唱する現代の危機という事態の最大の原因は、教養の欠如にあるが、大学教育において「一般教養」が問題とされるようになった理由も教養の欠如にあると述べている。[49] これは、一九四九年に行われた、高等教育改革により、新制度へと移行した、「新制大学」において一般教育が重視された点を指してのことであろう。だが、彼はオルテガの大学論について解説した後、次のように述べている。

しかしこの拙い紹介の一文でも、現在の我が国における大学教育の現状からすれば、何らかの意味をもつのではなかろうかと考えられるのである。

大学という名の学校は、学制改革によって、恐るべき数に達しているが、そのうちのどれほどが、大学が現代文明のこの混迷の最中にとるべき姿を、真剣に問いつつ運営されているか、甚だ疑問である。

とは、今日ではすでに常套文句となった、新制大学批判の言と似ているが、私がオルテガの口を借りて言おうとしていることはそれとはいささか角度を異にしているつもりである。(50)

このように、新しい理念の下に設置された新制大学ではあったが、設置から数年ですでに多くの批判にさらされていたことがうかがえる。そうした中、当時の大学教育を憂えていた廣瀬がオルテガの口を借りて言おうとしていたこととは何であったのか。そして、それは他の大学教育批判とどう異なっていたのか。その真意を理解するためにまずは、当時、新制大学に対してどのような批判があったのかを整理する必要がある。

廣瀬によれば、当時の新制大学に対して行われた批判は大きく分けて、二種類であった。第一の批判は、実社会から行われるもので、学業を終え、就職した際に露呈する、実務に対する能力不足への批判であった。実社会が持つ要望と現実の学生の能力との開きに対し、廣瀬はまず、「オルテガもいうように、教育という仕事はどこまでも、被教育者を中心において考えてゆかなければならない(51)」として、実社会が望む形での大学教育は正当性を欠くと述べる。そして、そもそも「学生が現在の社会において、その最初の一歩から直ちに役立つことができないという理由で大学教育全体を批判の的とすることは、いささか見当はずれではあるまいか(52)」と反論する。無論、実社会の批判が正しいとなれば、大学は一般教育どころか専門教育も必要としない、職業訓練学校となり果ててしまう。この点については大学の教員を含め、様々な角度から見当違いな批判であるとの批判がなされた(53)。

第二の批判は、新制度に移行する以前の旧制大学時代から長年、その職にある教員から行われるもので、新制度に対する批判、すなわち、一般教育を重視することからもたらされる研究能力不足への批判であった。大学とは研究者を養成する場であることから一般教育ではなく、専門教育を重視すべき、との立場を採る、こうした教員に対し、廣瀬は「オルテガもいうように、大学に学ぶ学生の大多数は、将来、学者、研究者になるのではなく、有能な職業人として、実社会に指導的役割をつとめるものであるという、単純明白な事実がとかく見失われがちであることは遺憾である。このことをこそ社会も、また学生自身ものぞんでいる[54]」として、先の教員たちの考えは学生、および社会が抱く実情に符号していないと指摘する。さらに、「大学教授と、その考え方をまっとうに受け取ったごく少数の学生だけが、大学に籍をおくものはすべて学者及び学者の卵であって、実社会に出るものは落伍者にすぎないというような妄想にとり憑かれている[55]」と批判した上で、「彼らは衒学趣味と、教育という仕事に対する無自覚こそ、今日の大学の「研究室至上主義」の最大の罪悪である[56]」と断罪する。一般教育を軽視し、専門科目への偏向教育により、学生の教育機会が損なわれていることに対する強い憤りを感じさせる。だが、それに加えて、第一の批判のように、「批判についての再批判は、それほど声高に語られているようには見うけられない[57]」ことに対する問題意識も働いているのであろう。新制大学が抱える問題は教員同士の批判、検討なくしては解決の糸口を見出すことができないという想いがそこにはあったように推察される。

以上、廣瀬の論文における新制大学をめぐる二つの批判について、たどってきた。いずれの批判に対しても廣瀬はオルテガを自身の考えの拠り所として採用し、実利のみを追い求める近視眼的な学問の追究、および一般教育を軽んじて、専門教育に偏向した学問の追究が、本来の大学の使命から、いかに逸脱したものであるかを論じている。このように、廣瀬の論文は単なるオルテガの思想研究にとどまらず、当時の大学が抱えていた問題について、オルテガの大学論を基に検討、批判した点が興味深い。これはオルテガの大学論が時間的、空間的差異を超えて通じることを示しており、ここに廣瀬がオルテガの思想を受容した要因を求めることができよう。最後に、オルテガと同様、教養の重要性を説く廣瀬の言葉を引用しておきたい。

我々は教養を回復せねばならぬ。それには教養を、この高度に発達をとげた学問によって深く培わなくてはならぬ、あらゆる学問の分野において獲得せられた諸成果が、充分に総合統一され、精錬されて、一般人にも近づきうる形にまで簡明化されて、それが大学教育を通じて社会全体に浸透する時、はじめて我々は新しい教養の時代が成立してくる姿を望見することができようになろう。(58)

5 理念の具現化を目指して――広島大学の改革

ここでは大学論におけるオルテガ思想が大学の理念を検討する上で受容された具体例として、広島大学の改革について取り上げる。

広島大学は、広島文理科大学や広島高等師範学校などをはじめとする旧制の諸学校を統合して、一九四九年に設置された新制大学である。すでに検討したように、新制大学ではそれまでの偏向教育を是正するべく、一般教育の重視が理念として取り入れられたが、結果として教育の現場にうまく浸透せず、一般教育は形骸化した。新制度へと移行したものの、旧態依然とした教育の現場は、明確な理念を見出すことができぬまま、時間だけが過ぎていった。こうしたことは広島大学においても同様であった。だが、その後の大学紛争を契機として多くの大学が改革のための議論に終始し、その実現に至らない中、広島大学は具体的な行動をもって改革を進めた数少ない大学の一つであった。「自主改革のモデル校[59]」とまで言われた広島大学の改革に対する姿勢は一体どこに由来するのであろうか。まずは、紛争開始時における広島大学の動きからたどってみたい。

一九六九年二月、全国で展開された大学紛争の影響は広島大学にも及び、大学本部や正門が封鎖されるなど、全学的な紛争へと発展した。広島大学における紛争の直接的なきっかけは、「大学会館と集会所の管理運営権をめぐるものだったが、劣悪な教育環境に対する学生の不満も鬱積していたらしい[60]」との指摘がなされるように、大学側に一定程度の瑕疵があったこともその要因の一つであった。こうした状況に対し、大学側はまず、問題点の検討に着手するため、大学問題検討委員会を設置。議論の末、「大学改革を本気で考えるべき時点に達しているため、大学改革委員会を設置すべき[61]」との答申が出され、これを受けて飯島宗一学長が就任二日目にして、大学改革の構想や理念を検討する、大学改革委員会を設置した。すでに学内の教員から一時的な対策ではなく、根本的な改革によって問題の解決を図るべき[62]との声が上がっていたが、個々の学部の代表者によって構成された、大学改革委員会の設置によって、全学的な改革論議が開始されることになる。ところで、教育社会学者、天野郁夫によれば、こうした大学改革委員会の設置は他の大学においても同様に行われたという。だが、「違っているのは、他の大学では案づくりに終わった改革が、広島大学では着実に具体化され、実施されてきたという点[63]」であった。飯島は、こうした違いが生じた理由の一つとして、「教養部を中心とする若手教官層の理想主義[64]」を挙げている。では、これは何を意味しているのだろうか。この検討のため、再び、『大学の使命』の翻訳者である、井上正に光を当ててみよう。

すでに検討した通り、井上は大学の理念と使命を考える上で役立つものとして、『大学の使命』の翻訳を出版した。無論、その想いは大学紛争と無関係ではなかった。なぜならば、一九六八年の紛争当時、彼は広島大学の教養部に在籍する助教授であったためである。それまで教養部では、一般教育の問題に対して、委員会を立ち上げ、活発な議論が行われていたが[65]、紛争を契機として一般教育の問題は全学的な改革論議の中心となっていった。こうした議論の展開は井上にとっては当然のことであった。

　今日たとえば一般教養科目の授業が疑問視されるなら、その問題は実は、依然として、これからの大学の使命は何であるべきかの根本的考察から解決されねばならないものであることを露呈している。つまりわれわれはいまだ、われわれすべてが共に確信するような「新しい大学の理念」に真に到達してはいないのである。[66]

一般教育を大学そのものの前提とした考え方は言うまでもなく、オルテガの大学論に由来している。こうした、オルテガの大学論と大学の理念からの改革という理想主義は、他の教養部の教員たちによって共有され、大学の根本的な改革へとつながることになる。だが、オルテガの大学論は何も教養部においてのみ受容されたわけではなかった。この点について、大学改革委員会の構成員であった、大学教育研究者、関正夫の記述を挙げておきたい。

オルテガの大学論は、訳者が広島大学教養部教員であったこともあって大学紛争期における同大学教養部の改革論議や全学の改革構想の策定に際して参考にされた。広島大学総合科学部創設への道程のなかで、理念の面でオルテガの大学論は寄与したことは明らかだが、その意義などが関係者に継承されているとは言い難い(67)。

このように、オルテガの大学論は「全学の改革構想の策定」、すなわち大学改革の理念と構想を検討する大学改革委員会においても参考にされていたのである。無論、「参考にされた」ことは直接的な受容を示すことにはつながらない。だが、大学改革委員会が最初に示した提言、「広島大学改革への提言（仮設0）(68)」内の「われわれの改革は何をめざすべきか」という項目には、次のようにオルテガの『大学の使命』の一節が引用されており、ここにおいてオルテガの大学論が受容されていることが明らかに確認できる。

2　自己革新機能の確保

上述のような意味でも、大学改革は、単に一つの制度を他のもう一つの制度に置きかえることで終わらせるものではない。それは、常に、「新たな慣行創造[69]」（オルテガ）の第一歩を意味するにすぎず、実践を通して、くりかえし自己検証されていかねばならないものであろう[70]。

委員会名で示される提言は当然のことながら、委員会内の総意の下に作成されるため、オルテガの大学論が大学改革委員会の構成員において受容されたと考えることは自然であろう。また、同提言はその配布対象が大学を構成する教職員のみならず、学生にまで及んでいたことを考えると、オルテガの大学論は当時、全学的に受容された可能性を持っている。

このように、オルテガの大学論は大学紛争によって始められた大学改革の原点において受容され、その改革の精神は今も変わることはない[70]。そのため、広島大学の改革の精神が同提言にうたわれた、「新たな慣行創造」を放棄する日まで、オルテガの大学論は今後も広島大学の精神の一部として生き続けるであろう。

本章では、多領域にまで広がりを持ったオルテガ思想のうち、特に、大学論における受容に焦点を絞って、検討を進めてきた。最後に、この過程で明らかとなった点について指摘を行い、結論に代える。

大学論におけるオルテガ思想の受容の検討にあたり、まず、「新制大学」、「一般教育」、そして「大学紛争」という三つのキーワードを通して、時代背景の整理を行った。次に、そうした時代背景を基に、各研究者の著作を時系列に沿って検討した。その結果、オルテガの大学論は、大きく分けて三つの形で受容されてきたことが確認された。第一は、戦後の復興期において、国の再建のために日本人の教養をどう高めていくかを模索した人々による受容である。この場合、オルテガの大学論は教養の重要性を検討することにその主眼が置かれた。第二は、当時の大学をめぐる問題に対し、その在り方や改革の方向性を探る一つの道標として、オルテガの大学論を社会に提示した人々による受容である。こうした提示は、大学が自らの理念や在り方を模索する時期において、オルテガの大学論のさらなる受容へとつながった。そして、第三は、オルテガの大学論を学術的な研究対象とした人々による受容である。この段階においてオルテガの大学論は、議論の場から研究の場へとその歩みを進めるのである。

以上までの時系列的なオルテガ思想受容の検討に加え、本章では個別の研究者における受容、ならびに個別の大学における受容についても検討を行った。一九三〇年、異国において著された大学論が、一九五三年に初めて日本において受容され、一九六九年には大学改革を志した人々の精神に取り入れられた。このように、オルテガの大学論は空間的、時間的な差異を超えて受容されてきたことが確認される一方、大学の理念そのものを問う風潮がなくなった今、オルテガの大学論は一面的にはその役目を終えたと言える。

総じて、オルテガの大学論は数あるオルテガ思想の領域のうちでも、特に時代と結びついた形で受容された思想であることが指摘できる。

注

（1）本論考における「受容」とは、日本における受容を意味する。
（2）オルテガ思想の受容については本書、第一章から第四章等を参照のこと。
（3）広瀬京一郎「現代文明の危機と大学の使命——オルテガの所論から」。

(4)生和秀敏「広島大学における教養的教育のあゆみ」、四七頁。
(5)『学制百年史』、七四二頁。
(6)本章では、オルテガの大学論を検討するという観点から逸脱しないため、戦前のいわゆる「旧制大学」についてはここでは取り上げない。
(7)高等教育制度に関する研究者。長きにわたり、広島大学総合科学部の教員として、大学改革に関わってきた。広島大学総合科学部名誉教授。
(8)生和秀敏「広島大学における教養的教育のあゆみ」、四八頁。
(9)戦後のアメリカ教育使節団報告書にはじまる、日本の高等教育制度の変遷を研究。専門は教育哲学。慶應義塾大学名誉教授。
(10)村井実「戦後教育改革と新制大学」、一四頁。
(11)同上、一四頁。
(12)同上、一四頁。
(13)「嵐の中の大学」一〇五頁における樫山鉄四郎の発言。なお、この発言に対して他の参加者たちから異論は挟まれなかった。
(14)生和秀敏「広島大学における教養的教育のあゆみ」四九―五〇頁。
(15)同上、五〇頁。
(16)中島雄一「消えた大学改革を追う」、二八頁。
(17)村井実「戦後教育改革と新制大学」、二〇―二一頁。
(18)『民主と愛国』、五七七―五七八頁では、大学紛争に参加した学生の言葉として、「……大学の講義はまったくつまらないもので、教師は何十年も同じノートを学生の顔も見ることとさえせず、ひたすら読み続けるという類のものが多かった」と述べられている。一般教育の導入から大学紛争まで長い期間があったものの、教育の現場に質を伴う変化は起きていなかったことが理解されよう。

(19) 本当の意味で一般教育を教えることができないかどうか以前に、一般教育の重要性を認識していない教員もいた。生和は、「当時は、そこまで思いをいたす大学関係者は極めて少数であった」(五〇頁)と述べている。

(20) 村井実「戦後教育改革と新制大学」、二一頁。

(21) 同上、二一頁。

(22) 同上、二二頁。

(23) 生和秀敏「広島大学における教養的教育のあゆみ」、五〇頁。

(24) 大学紛争後から文部省において、大学に関わる行政を担当する大学課長を務めるなど、大学改革に尽力した。

(25) 大崎仁「大学紛争から臨教審まで」、一三頁。

(26) 同上、一三頁。

(27) 中島雄一「消えた大学改革を追う——総合移転計画の進む広島大学」、二七頁。

(28) 大崎仁「大学紛争から臨教審まで」、一八頁。

(29) 黒羽亮一「日本における一九九〇年代の大学改革」、四頁。

(30) 井上以外の翻訳は、今村温之、木庭宏によって著されているが、いずれも論文の体裁で発表されたのみであり、書籍として現在もなお、刊行には至っていない。

(31) 笠信太郎「日本人としての教養」、三七七—三七八頁。

(32) 同上、三七七頁。

(33)同上、三九八頁。
(34)井上正訳『大学の使命』、一七一頁。
(35)松阪佐一「オルテガの『大学の使命』」、五八頁。
(36)生和秀敏「広島大学における教養的教育のあゆみ」、五一頁。
(37)井上正訳『大学の使命』、一七二頁。
(38)同上、二六七頁。
(39)同上、二六七頁。
(40)同上、二六七頁。
(41)マタイス「オルテガの大学論に就いて」、五五頁。
(42)マタイス「人間哲学と大学」、大学論については、特に、六〇―六四頁。
(43)早坂忠博「オルテガの大学論」、六九頁。
(44)今村温之「オルテガの一般教育理論」。
(45)木庭宏訳「大学の課題」、九二頁。
(46)喜多村和之「オルテガの大学論の再刊に寄せて」、二二七頁。
(47)小澤喬「オルテガにおける『教養(文化)』の概念」。
(48)黒川洋行「ヤスパースとオルテガの大学論」。
(49)廣瀬京一郎「現代文明の危機と大学の使命――オルテガの所論から」、三三二頁。
(50)同上、三五頁。
(51)同上、三五頁。

(52)同上、三五頁。
(53)同上、三五頁。
(54)同上、三六頁。
(55)同上、三六頁。
(56)同上、三六頁。
(57)同上、三五頁。
(58)同上、三七頁。
(59)天野郁夫「三〇〇万人の大学――広島大学」、五三頁。
(60)中島雄一「消えた大学改革を追う――総合移転計画の進む広島大学」、二八頁。
(61)竹山晴夫「広島大学の大学改革への取り組み」、一二頁。なお、引用に際しては文意を変えない範囲で、口語体へと改めた。
(62)教養部教官会における議論。詳しくは『広島大学二十五年史』部局史、八六九頁を参照のこと。
(63)天野郁夫「三〇〇万人の大学――広島大学」、五二頁。
(64)同上、五二頁。
(65)大学紛争以前に行われた、一般教育に対する教養部の取り組みについては、『広島大学二十五年史』部局史、八六三―八六五頁を参照のこと。
(66)井上正訳『大学の使命』、二六七頁。
(67)関正夫「大学教育に関する研究――回顧と展望」、一五頁。
(68)同提言は、その後の広島大学の改革の基本となった文書であるとされている。詳しくは、竹山晴夫「広島大学の大学改革への取り組み」を参照のこと。
(69)「大学の改革は、誤用の除去だけのことになってはならない。また誤用の除去ということに改革の主要点があるのでもない。改革とは常に、新たな慣行の創造をいうのである」(井上訳、一三頁)における一節。
(70)『広島大学二十五年史』通史、八四六頁。
(71)大学の公式文書である『広島大学の歴史』、一〇頁では、飯島から現在の学長に至るまで改革の精神に変化がないことが示されている。

参考文献

*翻訳
オルテガ、J、井上正訳『大学の使命』桂書房、一九六八年
——、井上正訳『大学の使命』玉川大学出版部、一九九六年
——、木庭宏訳「大学の課題」『近代(神戸大学)』五八、一九八二年、五三—九二頁
*オルテガ研究に関する文献
早坂忠博「オルテガの大学論」『富士論叢(富士短期大学)』二〇(一)、一九七五年、六九—一〇九頁
廣瀬京一郎「現代文明の危機と大学の使命——オルテガの所論から」『世紀(上智大学)』四六、一九五三年、三三一—三三七頁
今村温之「オルテガの大学論」『横浜商大論集(横浜商科大学)』一一(一)、一九七七年、八三—一〇六頁
——「オルテガの大学論」『横浜商大論集(横浜商科大学)』一二(一)、一九七八年、九一—一〇八頁
——「オルテガの大学論」『横浜商大論集(横浜商科大学)』一三(二)、一九八〇年、二五—五六頁

――――「オルテガの一般教育理論」『一般教育学会誌（一般教育学会）』二（一・二）、一九八〇年、六九―七五頁
喜多村和之「オルテガの大学論の再刊に寄せて」、『大学の使命』玉川大学出版部、一九九六年、二二七―二三九頁
木下智統「日本における初期オルテガ思想受容の展開と特質」『金城学院大学論集』社会科学編一〇（一）、二〇一三年、六九―七七頁
黒羽亮一「日本における一九九〇年代の大学改革」『学位研究』三、一九九五年、一―四一頁
黒川洋行「ヤスパースとオルテガの大学論――大学の理念、教養概念、授業のあり方についての比較検討」『関東学院大学経済経営研究所年報』二九、二〇〇七年、六〇―七八頁
マタイス、A「オルテガの大学論に就いて」『実存主義』四七、以文社、一九六九年、四七―五五頁
――――、神吉敬三訳「人間哲学と大学――現代にみるオルテガの思想（激動する社会と大学）」『激動する社会と大学』南窓社、一九七三年、五五―七三頁
松阪佐一「オルテガの『大学の使命』」『民主教育協会教育資料（ＩＤＥ教育資料）』一七、一九六一年、四〇―五九頁
小澤喬「オルテガにおける『教養（文化）』の概念」『東京理科大学紀要』教養篇三四、二〇〇一年、七五―九六頁
笠信太郎「日本人としての教養」『現代随想全集』一、創元社、一九五四年、三六七―三九八頁
関正夫「大学教育に関する研究――回顧と展望」『大学論集（広島大学）』二二、一九九三年、一一―二三頁
＊大学教育、および広島大学に関する文献
天野郁夫「三〇〇万人の大学――広島大学」『朝日ジャーナル』二一、一九七九年、五二―五八頁
広島大学文書館編『広島大学の歴史』、広島大学文書館、二〇一五年
広島大学五十年史編集専門委員会編『広島大学五十年史』資料編、広島大学発行、二〇〇三年

広島大学二十五年史編集委員会編『広島大学二十五年史』部局史、広島大学発行、一九七七年
――『広島大学二十五年史』通史、広島大学発行、一九七九年
金子武蔵「嵐の中の大学」『実存主義』四七、一九六九年、九七―一一五頁
小熊英二『〈民主〉と〈愛国〉』、二〇〇二年
黒羽亮一「日本における一九九〇年代の大学改革」『学位研究』三、一九九五年、六五―一一〇頁
村井実「戦後教育改革と新制大学」『大学研究ノート』六三、一九八五年、一三―二四頁
文部省編『学制百年史』、一九七二年
中島雄一「消えた大学改革を追う――総合移転計画の進む広島大学」『朝日ジャーナル』二〇、一九七八年、二七―三〇頁
大崎仁「大学紛争から臨教審まで」『大学研究ノート（広島大学）』七三、一九八九年、一二―二二頁
生和秀敏「広島大学における教養的教育のあゆみ」『広島大学紀要』四、二〇〇二年、四七―七三頁
竹山晴夫「広島大学の大学改革への取り組み」『広島大学史紀要』三、二〇〇一年、三―二〇頁

おわりに

わが国において、オルテガに関する研究論文や翻訳書は『大衆の反逆』を中心としたものが多い。これはオルテガの主著であると同時に、『大衆の反逆』を社会学の書として分析する研究者が存在したことによる。また、オルテガ思想、とりわけ哲学に対して正面から、また哲学を基盤とした芸術論に取り組んだ研究者も存在した。教養の重要性を説く大学論に新しい時代に向かう社会変革の力を感じ取った研究者もいた。多領域にまで広がりをもったオルテガ思想は、長い年月にわたって、日本人読者や研究者に数多の可能性を提供してきた。

オルテガについて多量に存在する研究論文等を渉猟して感じたことは、なぜ日本においてオルテガが受け入れられたのか、どのようにオルテガ思想が導入されていったのか、と問う研究が見当たらなかったことだ。それにもかかわらず、オルテガに関する論文や書物は年を経てもその出版は続いている。なぜオルテガの思想は年を経ても変わらぬ魅力を人々に対して与えうるのか。オルテガの何が日本人の思想に対し訴えかけたのであろうか。この疑問解明に答えを出すことが本書の命題であり、その使命が多少とも果たされたとすれば著者として大きな喜びとしたい。

本書は、筆者が、二〇一一年に得た全体的構想に基づき、執筆を進めた研究を基に構成されている。この間、多くの方々に貴重な助言と協力を賜った。行路社代表、楠本耕之氏は出版の労を執ってくださった。皆様に、心からの感謝を表する次第である。

著者紹介
木下智統（きのした・とものり）
南山大学文学部哲学科卒業。
南山大学大学院経済学研究科博士前期課程修了。
サラマンカ・カトリック大学大学院哲文学研究科博士後期課程修了。
哲文学博士（哲学）。

日本とスペイン思想
オルテガとの歩み

2021年12月10日　初版第1刷印刷
2021年12月20日　初版第1刷発行

著　者——木下智統
発行者——楠本耕之
発行所——行路社 Kohro-sha
520-0016 大津市比叡平 3-36-21
電話 077-529-0149　ファックス 077-529-2885
郵便振替　01030-1-16719
装　丁——仁井谷伴子
組　版——鼓動社
印刷・製本——モリモト印刷株式会社

ISBN978-4-87534-453-7 C3010

新たな宗教意識と社会性　ベルジャーエフ／青山太郎訳　四六判 408 頁 4000 円
■ペテルブルグ時代の本書は、宗教的アナーキズムへの傾向を示す。「しかし私の内部では、あるひそかな過程が遂行されていた」。

創造の意味　ベルジャーエフ／青山太郎訳　四六判 568 頁 4500 円
■「この書物は私の疾風怒濤の時代にできたものである。これはまた、比類のない創造的直感のもとで書き下されたものだ」

共産主義とキリスト教　ベルジャーエフ／峠尚武訳　四六判 352 頁 4000 円
■「キリスト教の価値……」「キリスト教と階級闘争」「ロシア人の宗教心理……」など、彼の〈反時代的考察〉7本を収録。

ベルジャーエフ哲学の基本理念　実存と客体化　R.レスラー/松口春美訳　四六判３３６頁２５００円
■第１部：革命前におけるベルジャーエフの思想的変遷――実存と客体化にかかわる重要なテーマを提示するとともに、その思想的基盤をも概観する。第2部：ベルジャーエフの中期および後期著作における客体化思想の基礎づけ

柏木義円日記　飯沼二郎・片野真佐子編・解説　A５判 572 頁 5000 円
■日露戦争から日中戦争にいたるまで終始非戦・平和を唱え、韓国併合、対華政策、シベリヤ出兵、徴兵制等を厳しく批判、足尾の鉱毒、売娼問題、朝鮮人、大杉栄の虐殺、二・二六や国連脱退等にも果敢に論及した柏木義円の日記。

柏木義円日記　補遺　付・柏木義円著述目録　片野真佐子編・解説　A５判 348 頁 3000 円
■第一次大戦参戦期、天皇制国家の軍国主義・帝国主義の強化推進の現実と対峙し、自己の思想をも厳しく検証する。

柏木義円書簡集　片野真佐子編・解説　A５判 572 頁 5000 円
■日常生活の中での非戦論の展開など、その筆鋒は重厚な思想とその見事な表現に充ちている。また、信仰をめぐる真摯な議論。

柏木義円史料集　片野真佐子 編 解説　A５判 464 頁 6000 円
■激しい時代批判で知られる柏木義円はまた、特に近代天皇制国家によるイデオロギー教育批判においても、他の追随を許さないほどに独自かつ多くの批判的論考をものした。

死か洗礼か　異端審問時代におけるスペイン・ポルトガルからのユダヤ人追放　フリッツ・ハイマン／小岸昭・梅津真訳
A５判上製 216 頁 2600 円　■スペイン・ポルトガルを追われたユダヤ人（マラーノ）が、その波乱に富む長い歴史をどのように生きぬいたか。その真実像にせまる。

倫理の大転換　スピノザ思想を梃子として　大津真作　A５判 296 頁 3000 円 ■『エチカ』が提起する問題／神とは無限の自然である／神の認識は人間を幸せにする／精神と身体の断絶／観念とその自由／人間の能力と環境の変革について 他

還元と贈与　フッサール・ハイデッガー論攷　J-L・マリオン／芦田宏直ほか訳　A５判 406 頁 4000 円
■〈ドナシオン〉を現象学的〈還元〉の中心に据え、『存在と時間』のアポリアを越えて、現象学の最後の可能性を指し示す。

生活世界と歴史　フッセル後期哲学の根本特徴　H・ホール／深谷昭三訳　A５判１４８頁１６００円
■フッセル未公刊の諸草稿群を駆使し、超越論的主観性の歴史と世界、神の問題に目を向け、自己自身を超えて出て行く苦悩にみちた後期フッセル哲学の問題点を明快に抉り出す。

大地の神学　聖霊論　小野寺功　四六判 260 頁 2500 円 ■日本的霊性とキリスト教／場所的論理と宗教的世界観／三位一体のおいてある場所／聖霊論／聖霊神学への道／日本の神学を求めて、ほか

仏教的キリスト教の真理　信心決定の新時代に向けて　延原時行　四六判３５２頁３８００円
■在家キリスト教の道を歩む過程で滝沢克己に、またＪ.カブに出会い、今、仏教とキリスト教の対話の彼方に新たな道を照らし出す。

アウグスティヌスの哲学　J・ヘッセン／松田禎二訳　四六判１４４頁１300 円
■著者は、アウグスティヌスの精神の奥深くでいとなまれる内面的な生成の過程を、深い共感をもって遍歴する。

近世哲学史点描　デカルトからスピノザへ　松田克進　四六判 256 頁 2500 円 ■デカルト的二元論は独我論に帰着するか／デカルト心身関係論の構造論的再検討／デカルト主義の発展／スピノザと主観性の消失／自己原因論争の目撃者としてのスピノザ／スピノザと精神分析／環境思想から見たスピノザ／決定論者はなぜ他人に感謝できるのか――対人感情と自由意志

「政治哲学」のために　飯島昇藏・中金聡・太田義器 編　A５判 392 頁 3500 円
■エロス 政治的と哲学的／マキァヴェッリと近代政治学／レオ・シュトラウスとポストモダン 他

マイスター・エックハルトの生の教説　松田美佳　四六判 288 頁 2600 円
■トマスの倫理学との比較においてエックハルトの、いわばヴェールにつつまれた神秘的な言説を脱神秘化し彼の思想構造を解明する。

ラショナリスムの学問理念　デカルト論考　三嶋唯義　A５判 300 頁 3000 円
■「理性」を語り、「学問とは何か」を探求するのは容易ではない。本書は、思想史研究を通じてこれを超える「学問とは何か」に迫る。

医 の 哲 学　[第３刷]共感と思いやりの医学論　池辺義教　四六判 240 頁 2400 円
■技術の急伸で医療の姿勢、哲学が問われているが、医を、医師がほどこすものとしてではなく、共感と思いやりと位置づけ、これに根源的な高察を加える。医学・医療系の大学・専門学校テキストとしても使いよいと好評。

カント『第一序論』の注解　H・メルテンス／副島善道訳　A５判 320 頁 3200 円 ■これまでの研究を踏まえ、さらに大きな一歩を刻む労作。著者は、『第一序論』を、カントの体系観が独自の深まりの中で結晶化したものと捉える。

カントの目的論　J・D・マクファーランド／副島善道訳　A５判２２０頁 2500 円
■自然科学の正当化/理性の理念と目的論/カントの小作品における目的論/目的論的判断力の分析論/目的論的判断力の弁証論/ほか

カントにおける形而上学と経験　W・ブレッカー／峠尚武訳　Ａ５判２２６頁２０００円　■本書が意図するところは、形而上学と経験についてのカントの問いの全容を示し、カントの思想の大路を見失わぬように、ということにある。

カント『純粋理性批判』注解　［上品切れ・下］　ケンプ・スミス／山本冬樹訳　Ａ５判総 1110 頁各巻 6000 円

判断力批判への第一序論　Ｉ・カント／副島善道訳・校訂　四六判１９２頁２０００円　■マイナー版を底本に、アカデミー版とズールカンプ版校合して訳出した本書は、メルテンス『カント「第一序論」の注解』の姉妹版でもある。

思索の森へ　カントとブーバー　三谷好憲　Ａ５判３４０頁３５００円　内面化された仕方で念仏に深く根ざすと共に他方、西欧思想の骨格の一つをなすカント哲学への持続的な取り組みによって西欧世界の精神構造をほとんど身をもって理解する。

近代思想の夜明け　デカルト・スピノザ・ライプニッツ　Ｓ・メローン／中尾隆司訳　四六判 192 頁１600 円
■「天才の世紀」に「永久の記念碑」を遺した偉大な哲学者の独創性を浮き彫りにし、その体系の論理的基盤に批判的照明をなげかける。

デカルトの誤謬論　池辺義教　Ａ５判２４４頁２８００円
■デカルト哲学の核心にある真の単純さに迫る道はどこにあるのか？　著者は、生成途上のデカルト哲学をデカルトと共に哲学する。

自然神学の可能性　ハーツホーン／大塚稔訳　四六判 240 頁 2500 円　■「神」という言葉の哲学的使用法と宗教的使用法／神の存在証明／なぜ経験的証明はありえないか／有神論、科学、宗教／神への抽象的かつ具体的接近、ほか

カール・ヤスパース　その生涯と全仕事　ジャンヌ・エルシュ／北野裕通・佐藤幸治訳　四六判 260 頁 2000 円
■ヤスパースの生涯（第１部）、彼の思想について（第２部）、厖大な著作からの抜粋（第３部）、および著作・研究書の一覧

空間の形而上学　副島膳道　Ａ５判１６４頁２２００円　■思考活動には空間が必要であること／イデア：それはどこにあるのか？／表現される空間／イデアが創り出す空間／時間は流れ、空間は生成する／ほか

若きヘーゲルの地平　そのアポリアと現代　武田趙二郎　四六判２５６頁２２００円
■我々に要請されるのはヘーゲル思想の神秘的超出ではなく、ヘーゲルの突きつけるアポリアの中から新たな地平を切り開くことだ。

時間体験の哲学　佐藤透　Ａ５判２４２頁３８００円
■時間のリアリズムとイデアリズム／時間の現象学的研究／時間体験の形而上学／ベルクソンにおける時と永遠、ほか

死生観と医療　生死を超える希望の人間学　本多正昭　四六判２４４頁２４００円
■死の意味が解けないかぎり、われわれの生の真相も本当に理解することはできない。死とは単なる肉体的生命の終止符なのか？

現代世界における霊性と倫理　宗教の根底にあるもの　山岡三治、西平直 ほか　四六判 220 頁 2000 円
■カトリック、プロテスタント、ヒンドゥー、ユダヤ、禅宗‥‥‥を深く掘り下げ、その〈根底にある深いつながり〉を求める。

至誠心の神学　東西融合文明論の試み　延原時行　四六判 228 頁 2000 円　■日本の文明の危機はまさに「マッハの壁」に突入しつつある。精神の深みで死にたえないためには、その中枢にあるべき精神性の原理が不可欠である。

キリスト教と仏教の接点　本多正昭　四六判 144 頁 1500 円
■「矛盾的相即・隠顕倶成」「即」の哲人の切実な言葉は、私たちに深く響き入って……力強い励ましとなる。──上田閑照

宗教哲学入門　W・H・キャピタン／三谷好憲ほか訳　Ａ５判３０４頁２０００円
■中世における有神論の占めた高い地位から、現代世界におけるそれの機器にいたるまでの宗教の哲学的吟味は洞察力に満ちている。

東洋的キリスト教神学の可能性　神秘家と日本のカトリック者の実存探求の試み　橋本裕明
A5 判 240 頁 2500 円　■東洋的霊性とキリスト教の対話の中で、世界精神史的視野からキリスト教という個別宗教を超えて、人間の実存的生そのものを凝視せんとする普遍的な思索。

《対話》マルセルとリクール　／三嶋唯義訳　Ａ５判 140 頁 1600 円
■かつての弟子リクールを対話者に、マルセル哲学の源泉などをテーマに、率直な批判的検討、含蓄に満ち示唆に富む対話を行なう。

ホワイトヘッドの宗教哲学　山本誠作　四六判２５０頁１８００円　■主としてホワイトヘッド晩年の宗教哲学思想に焦点を当てつつ、多方面にわたる彼の研究活動の全体像に迫るべく意図された先駆的労作。

ホワイトヘッドと文明論　松延慶二 編　四六判 220 頁 1500 円
■近代文明の生態学的危機と有機体の哲学/転機に立つ現代文明/ホワイトヘッドの文明論とシステム哲学/ﾎﾜｲﾄﾍｯﾄﾞと現代哲学/ほか

ホワイトヘッドと教育の課題　鶴田孝編　四六判 188 頁 1500 円
■ワイトヘッドの教育観/有機体哲学的教育論/教育が目指すもの/普遍的な思想と現実の世界/思弁哲学と教育論/生涯教育論/ほか

仏教的キリスト教の真理　信心決定の新時代に向けて　延原時行　四六判３５２頁３８００円
■在家キリスト教の道を歩む過程で滝沢克己に、またＪ・カブに出会った著者は、今、仏教とキリスト教の対話の彼方に新たな道を照らし出そうとする。

生活世界と歴史　フッセル後期哲学の根本特徴　Ｈ・ホール／深谷昭三訳　Ａ５判１４８頁 1600 円
■フッセル未公刊の諸草稿群を駆使し、自己自身を超えて出て行く、苦悩にみちた後期フッセル哲学の問題点を明快に抉り出す。

「神の国」論　アウグスティヌス、平和と秩序　É.ジルソン／藤本雄三 訳・著　四六判 292 頁 2500 円
■普遍的社会の問題／「神の国」と普遍的社会／キリスト教的知恵と世界社会／「神の国」の一般的特徴／創造と造られたもの、他

大地の神学 聖霊論 小野寺功 四六判 260 頁 2500 円 ■日本的霊性とキリスト教／場所的論理と宗教的世界観／三位一体のおいてある場所／聖霊論／聖霊神学への道／日本の神学を求めて、ほか

古代ギリシァの思想と文化 松田禎二 A５判 264 頁 2000 円

■来るべき世界文明において無条件に古典の地位を占める古代ギリシァに、文芸、哲学他さまざまな角度からその魅力に迫る。

古典ギリシァの人間観 松田禎二 A５判 240 頁 2000 円

■勇士アキレウスの人物像／英雄たちと運命／旅人としての人間／農民と労働／運命と人間の悲劇／悲劇の中の女性像／歴史の中の人物像／戦争と人間性／ソークラテースの愛／他

古代ローマの思想と文化 松田禎二 A５判 248 頁 2000 円 ■ウェルギリウス/キケロ/セネカ/マルクス･アウレリウス/ルクレティウス/プロティノス/アウグスティヌス/ボエティウス

女性キリスト者と戦争 奥田暁子,加納実紀代,早川紀代,大里喜美子,荒井英子,出岡学 四六判 300 頁 2600 円

■戦時体制とキリスト教幼稚園/戦時下のミッションスクール／植村環:時代と説教／帝国意識の生成と展開:日本基督教婦人矯風会の場合／大陸政策の中の北京愛隣館／小泉郁子と「帝国のフェミニズム」

三次元の人間 生成の思想を語る 作田啓一 四六判 222 頁 2000 円

■遠く、内奥へ――学問はどこまで生の実感をとらえうるか。超越と溶解の原理をもとに人間存在の謎に迫る作田人間学。

近代科学と芸術創造 19～20 世紀のヨーロッパにおける科学と文学の関係 真野倫平編

A５判 456 頁 4000 円 ■学際的視点から、19～20 世紀にかけてのヨーロッパにおける科学ならびに技術の発達を明かにし、それが同時代の文学作品・芸術作品にいかに反映されているかを解明する。

政治と宗教のはざまで ホッブズ,アーレント,丸山真男,フッカー 高野清弘 A５判 304 頁 2000 円

■予定説と自然状態／私の丸山真男体験／リチャード･フッカーの思想的出立／フッカー――ヤヌスの相貌、ほか

宗教と政治のインターフェイス 現代政教関係の諸相 丸岡・奥山 編 A５判 288 頁 2600 円 ■近年、世界の様々な地域で宗教が政治的課題となる事態が頻繁に発生しており、その形も多様である。本書は、こうした宗教の公共空間への再登場という今日的現象を地域ごとに比較検討する。

スペイン関係文献目録 坂東省次編 B５判上製箱入 400 頁 8000 円

■1868 年以来日本で刊行されたスペイン関係の書籍、論文、記事、紀要、論集、雑誌、新聞などを網羅する研究成果を提示。

約束の丘 コンチャ･R･ナルバエス／宇野和美訳･小岸昭解説 A５判 184 頁 2000 円 ■スペインを追われたユダヤ人とのあいだで４００年間守りぬかれたある約束……時代が狂気と不安へと移りゆくなか、少年たちが示した友情と信頼、愛と勇気。

スペインの女性群像 その生の軌跡 高橋博幸・加藤隆浩編 A５判 352 頁 2800 円

■中世から現代までスペイン史を力強くまた華麗に彩る女性たちを、時代と社会におけるその赤裸々な生とともに描ききる。

スペインと日本 ザビエルから日西交流の新時代へ 坂東省次・川成洋編 A５判 360 頁 3000 円

■逢坂剛,三浦朱門,柏倉康夫,外山幹夫,澤田直、竹井成美,遠藤順子,小岸昭,松永伍一,鈴木建三,田澤耕,渡部哲郎,伊高浩昭,古川薫他

「ドン・キホーテ」事典 樋口正義･本田誠二･坂東省次･山崎信三･片倉充造編 A５判上製 436 頁 5000 円

■『ドン・キホーテ』刊行 400 年を記念して、シェイクスピアと並び称されるセルバンテスについて、また、近代小説の先駆とされる本書を全体的多角的にとらえ、それの世界各国における受容のありようについても考える。

デュルケムの教育論 J-C フィユー編／古川敦訳 A５判 274 頁 3000 円

■教育に関するデュルケムのテキストを総体的に捉え直し、彼の教育学説そのものを徹底的に検証する画期的な労作。

ことばと国家のインターフェイス 加藤隆浩編 A５判上製 376 頁 2800 円

■台湾の原住民族にとっての国家/多言語国家インドにおける言語をアイデンティティ/コンゴ民主共和国における言語と国家の現状/オバマ大統領に学ぶ政治レトリックと説得コミュニケーション/グアテマラのことばと国家/在米ラテンアメリカ系住民と母語教育/多文化主義への対応と英国の変化、他。

スペイン語世界のことばと文化 京都外国語大学イスパニア語学科編 A５判 224 頁 2000 円 ■第１部文学の世界 第２部言語の世界 第３部文化と歴史

スペイン歴史散歩 多文化多言語社会の明日に向けて 立石博高 四六判 160 頁 1500 円

■ＮＨＫ講座テキストへの連載エッセイを中心に、スペインを深く知るには欠かせない歴史上の出来事やエピソードを満載。

ラテンアメリカ銀と近世資本主義 近藤仁之 A５判 208 頁 2600 円

■ラテンアメリカ銀が初期にはスペインを通して、後にはピレネー以北のヨーロッパに流れ、資本蓄積を可能にしたという事実を広角的な視野から、世界史を包括する広大な論理体系として構築する。

ヘルムート・シュミット対談集 回顧から新たな世紀へ 田村万里・山本邦子訳 A５判 200 頁 2000 円

■リー･クワン･ユー、ジミー･カーター、シモン･ペレス、ジスカールデスタン、ダーレンドルフ、ゴルバチョフ、キッシンジャー、ヘルムート･コールらとの対談集。

デュルケムによる《教育の歴史社会学》 「秩序」の交替と「人間類型」の変遷 古川 敦

■A５判上製 450 頁 5000 円 ■デュルケムによって展開された〈教育事象にかんする歴史社会学的考察〉の現代的意義。